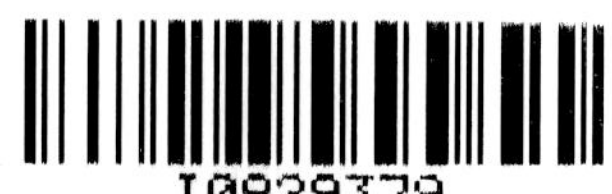

I0829379

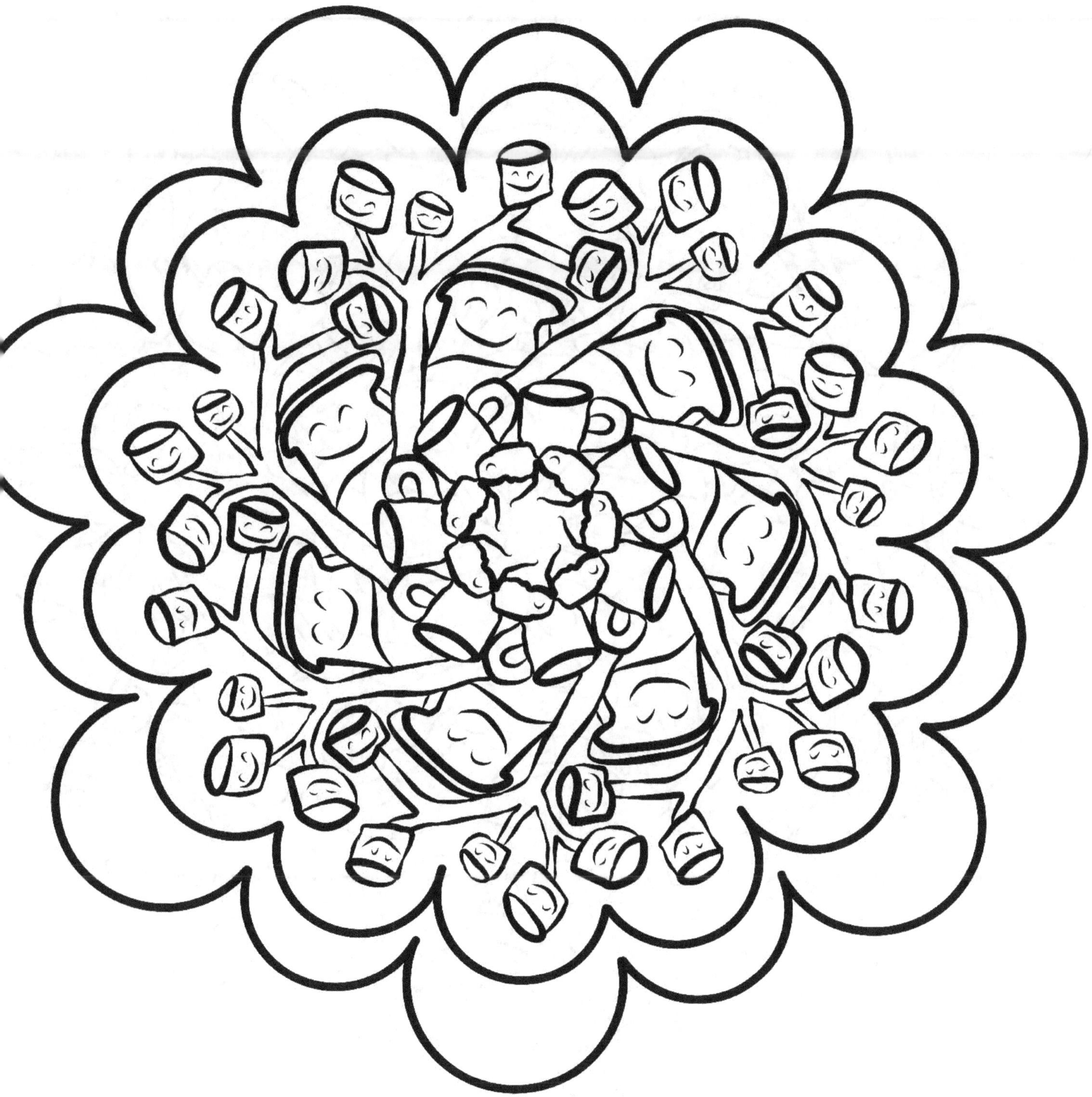

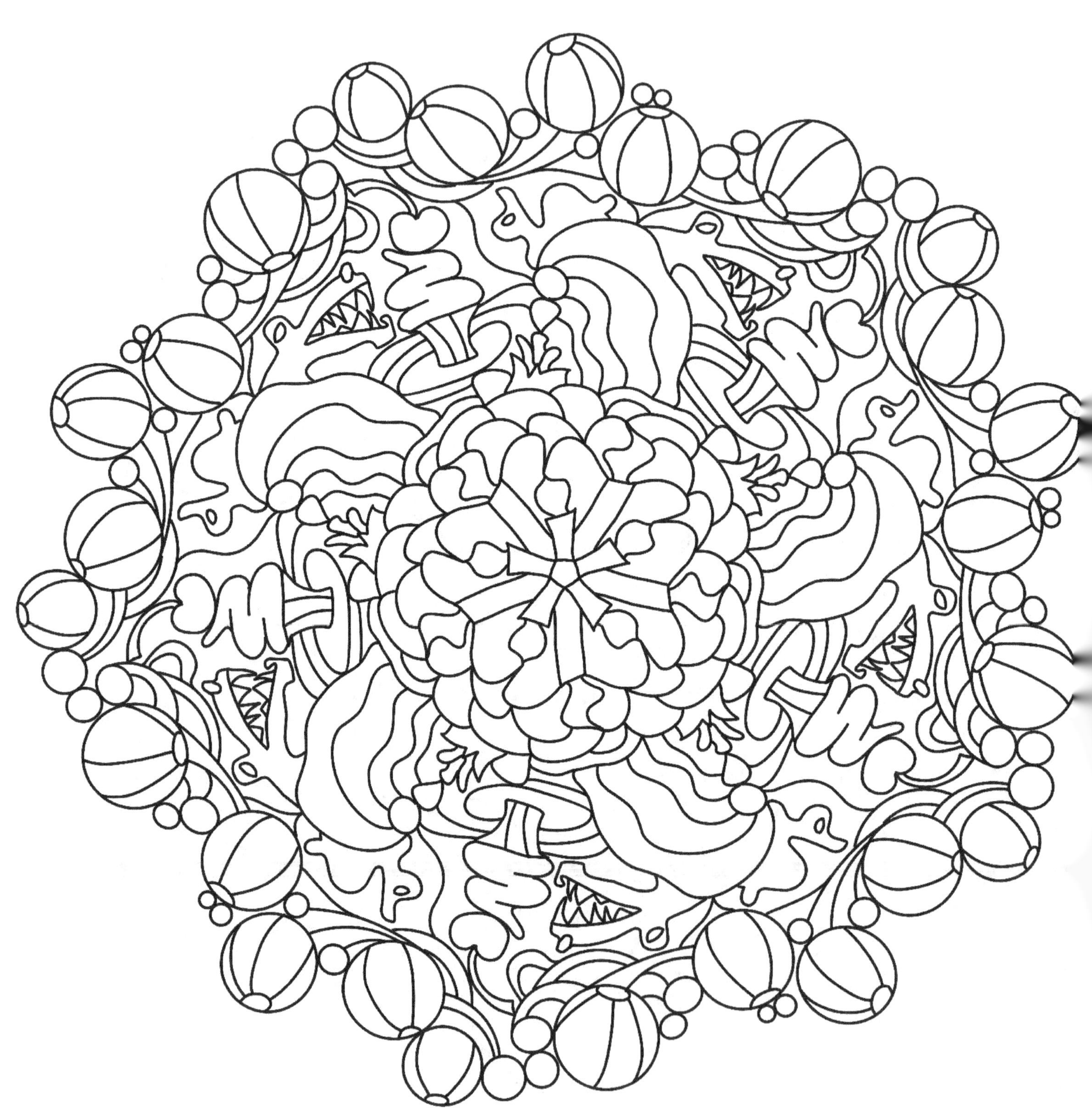

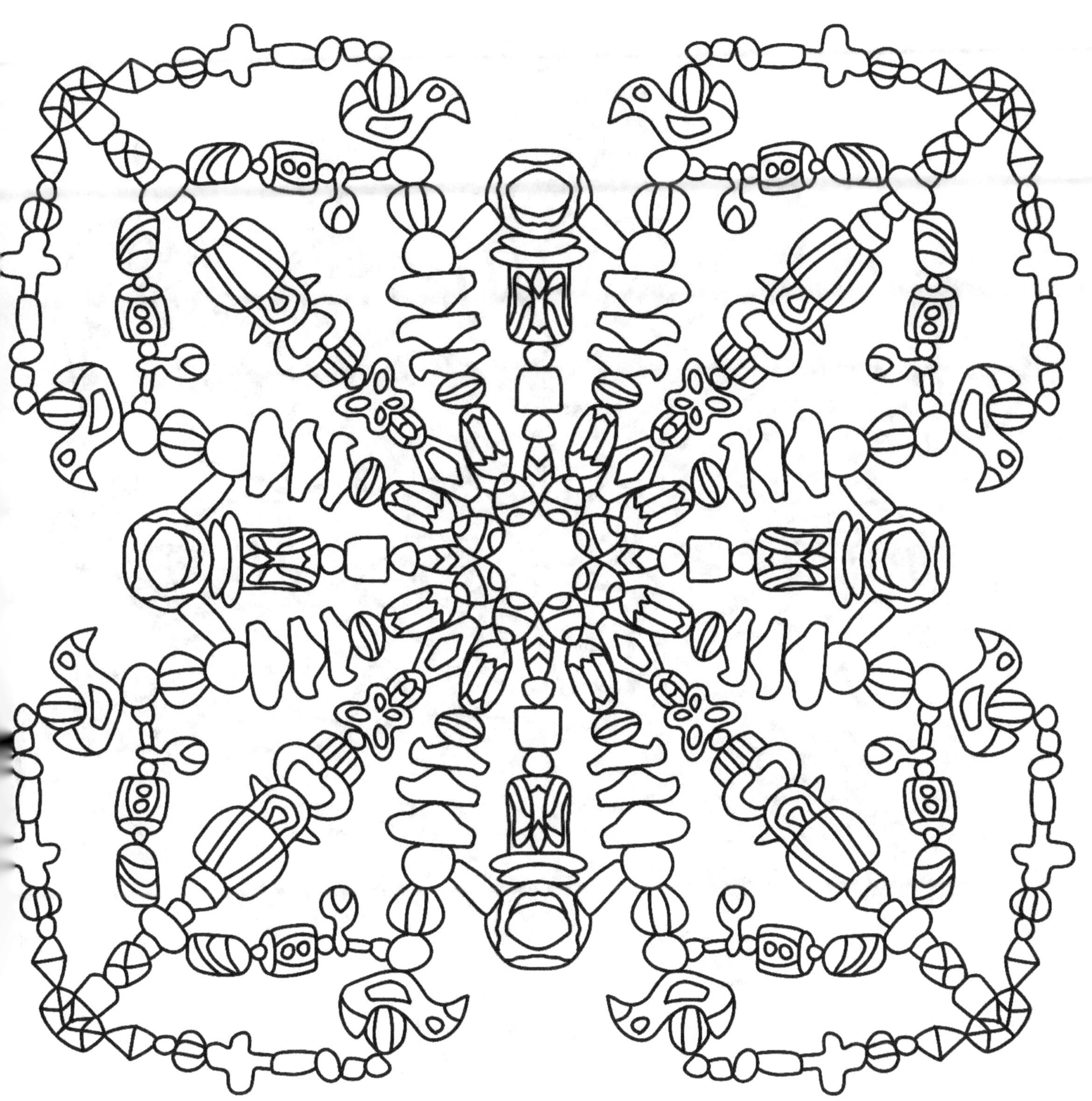

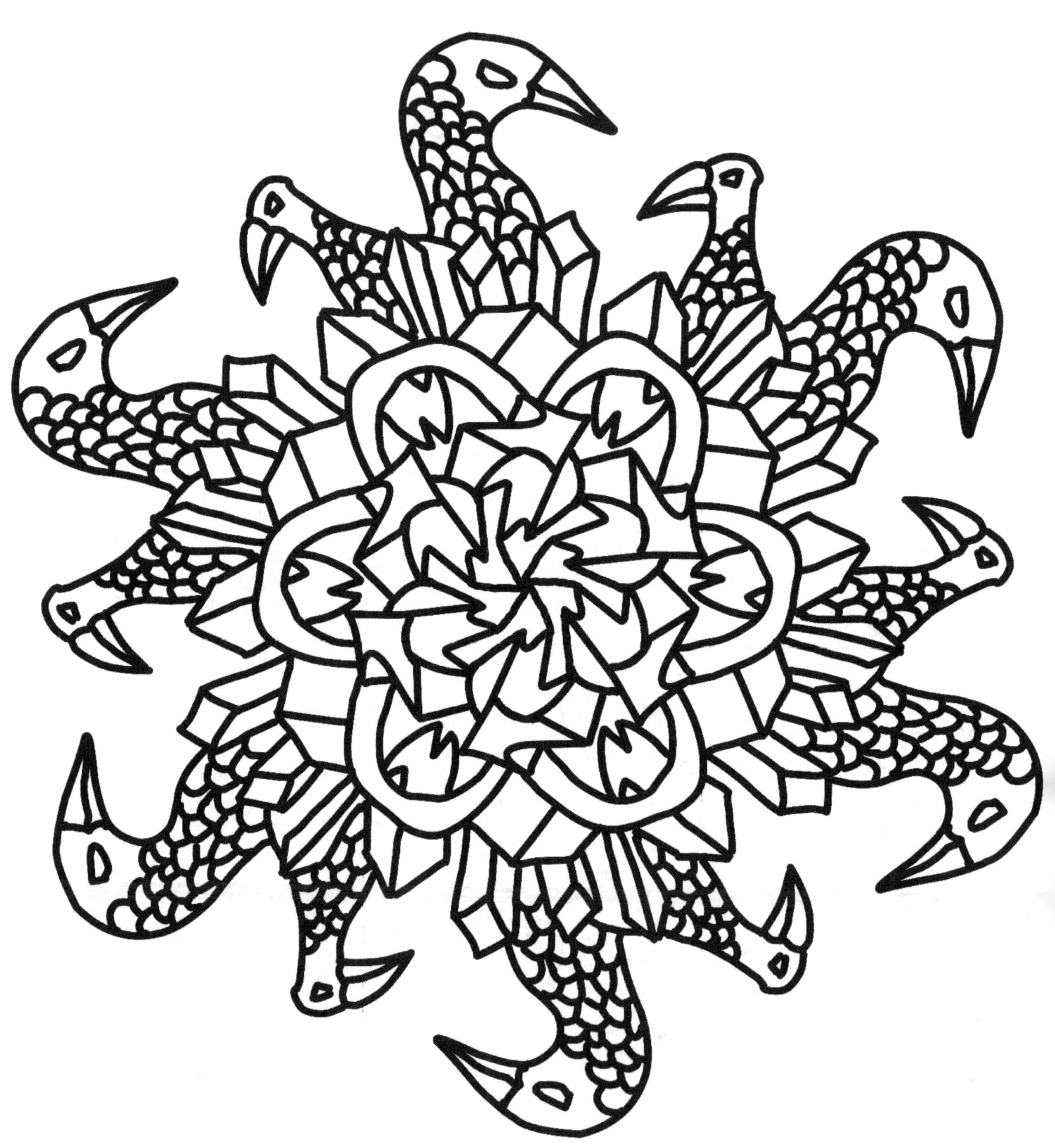

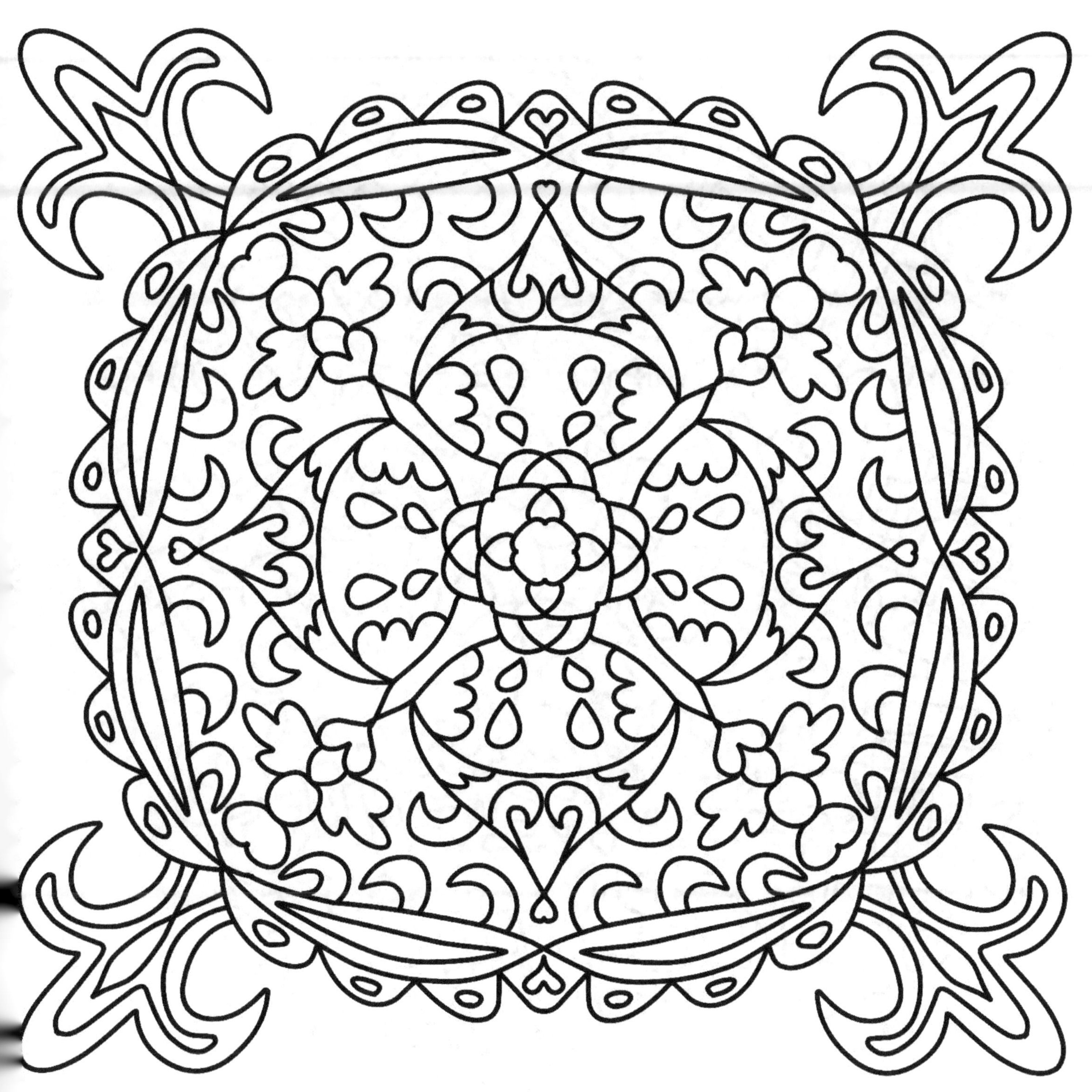

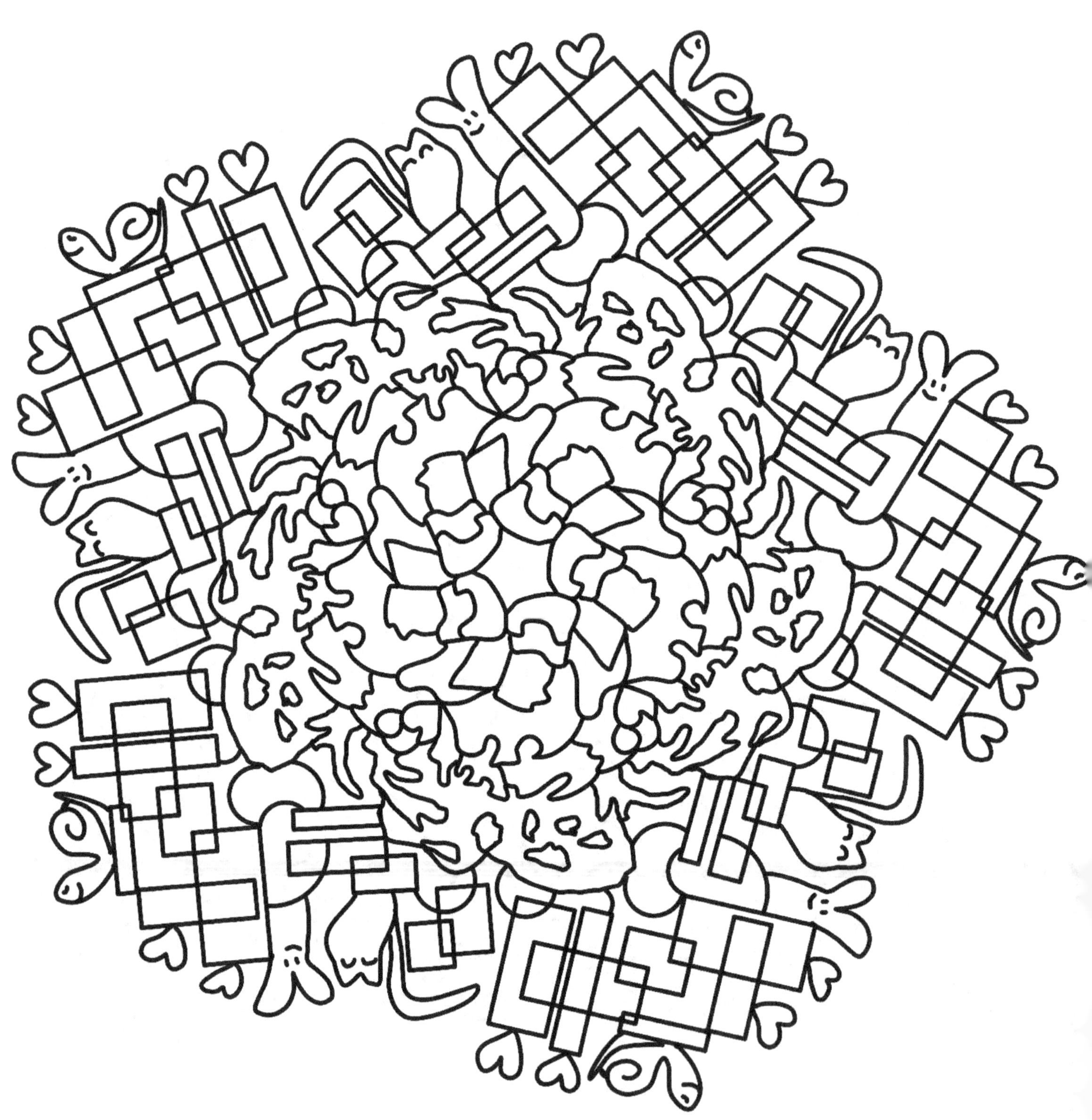

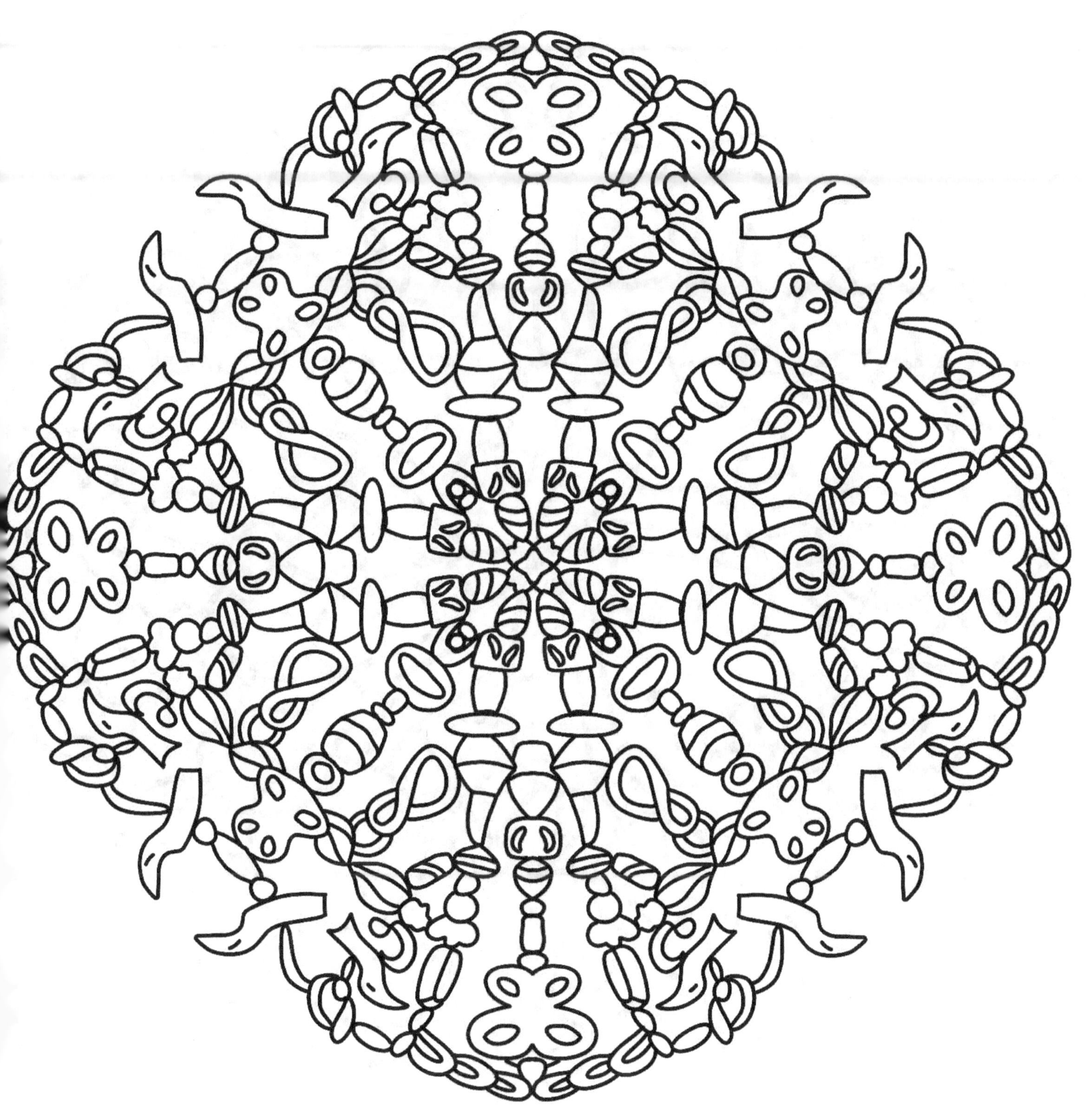

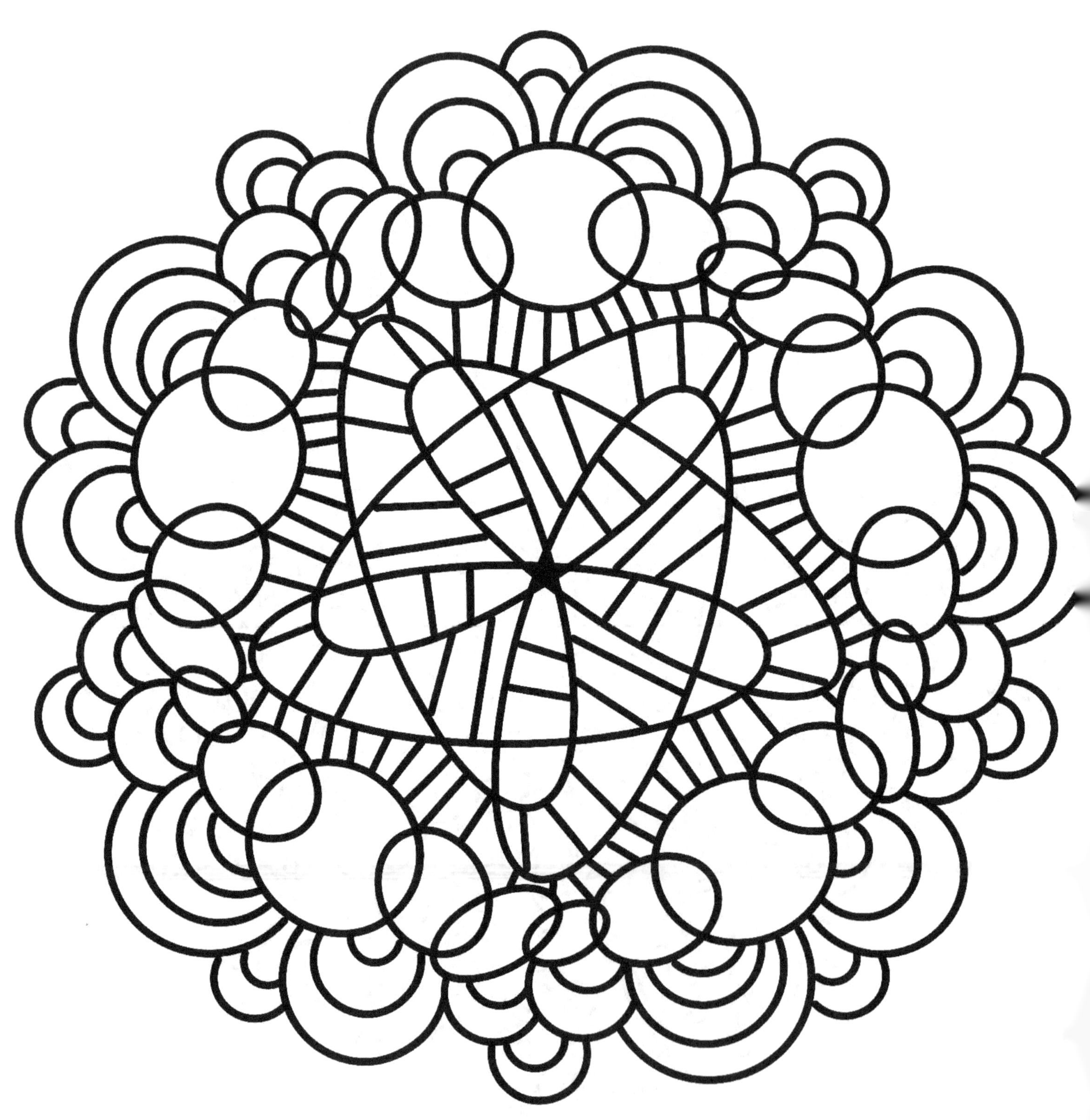

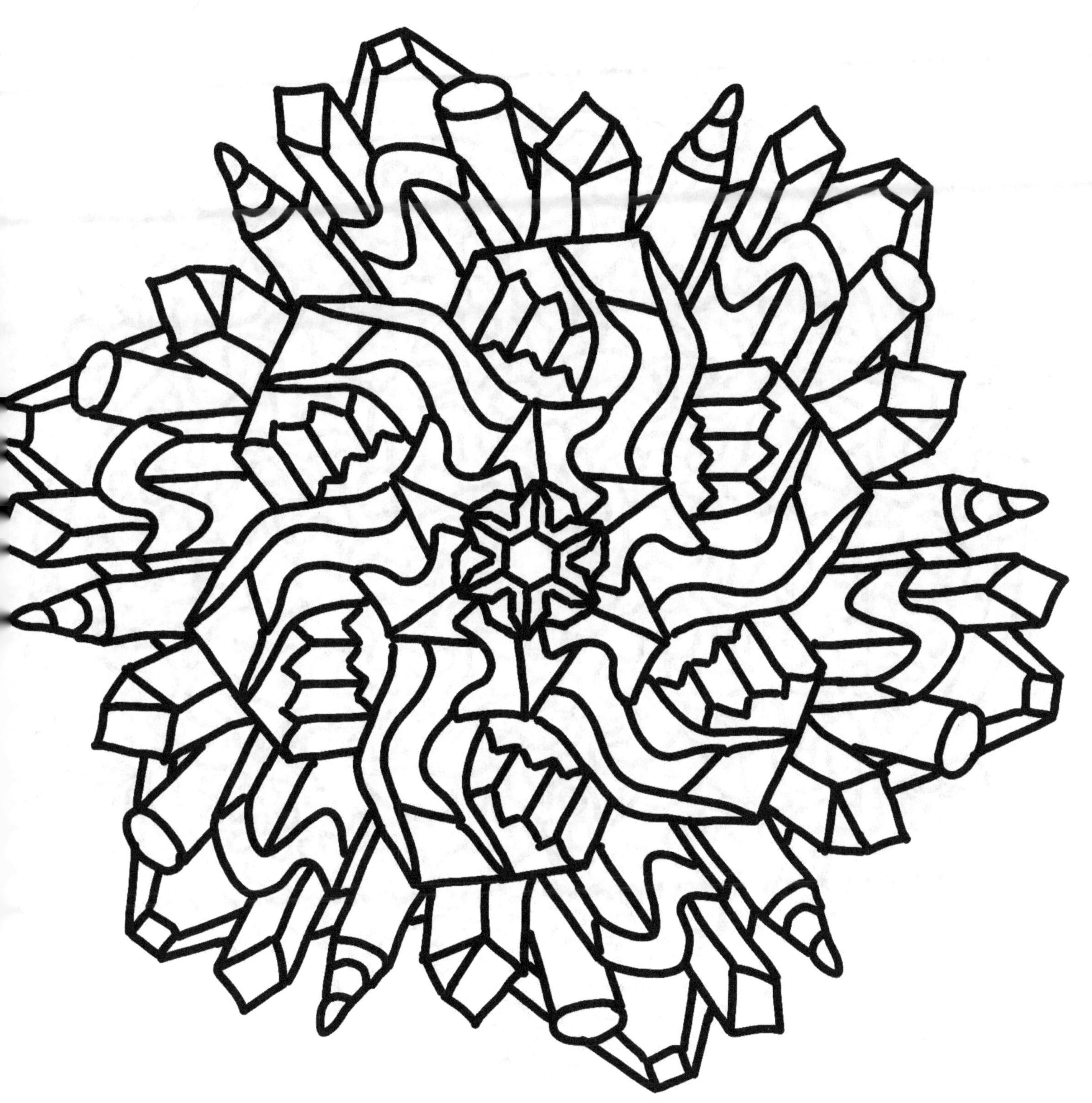

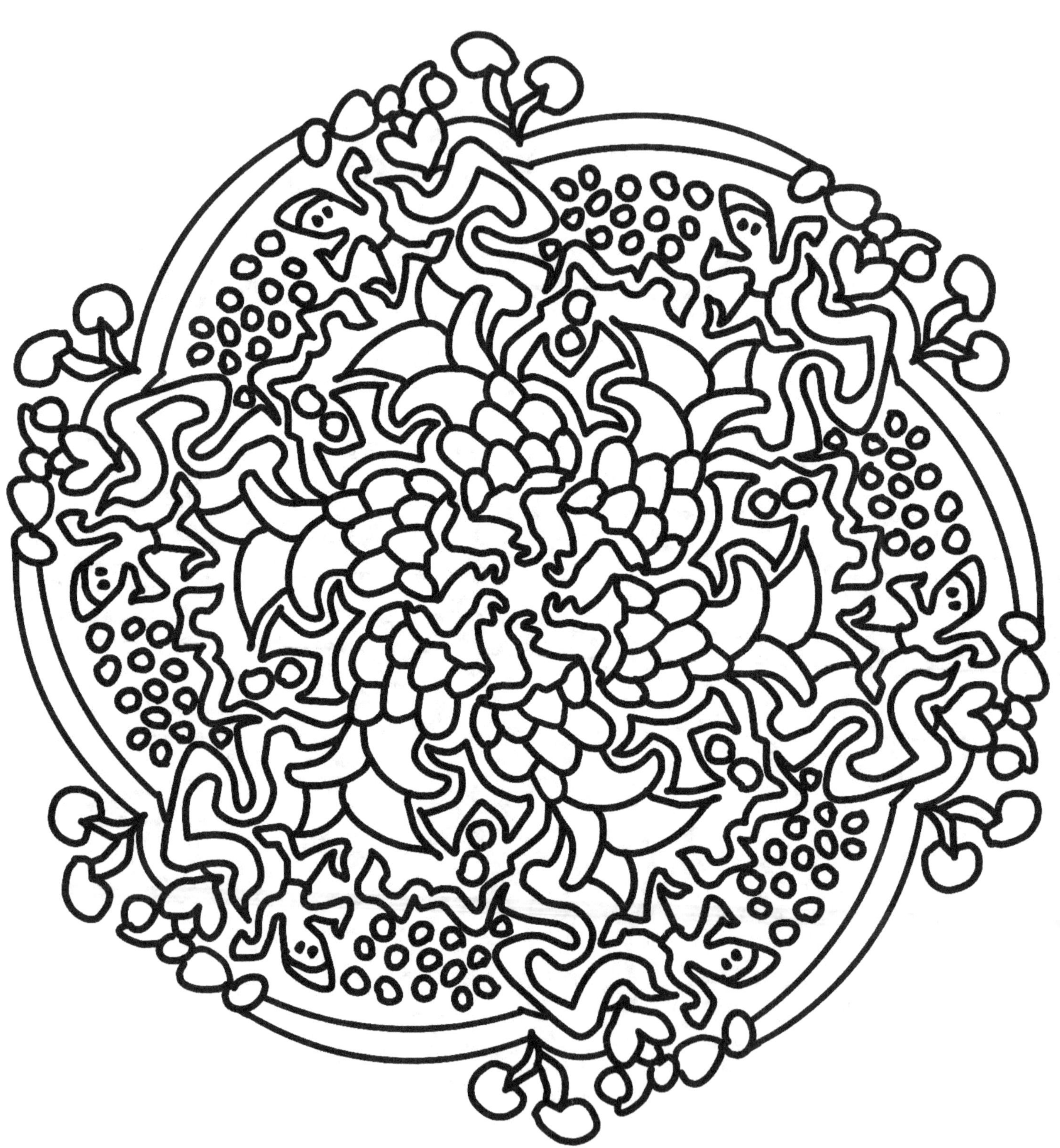

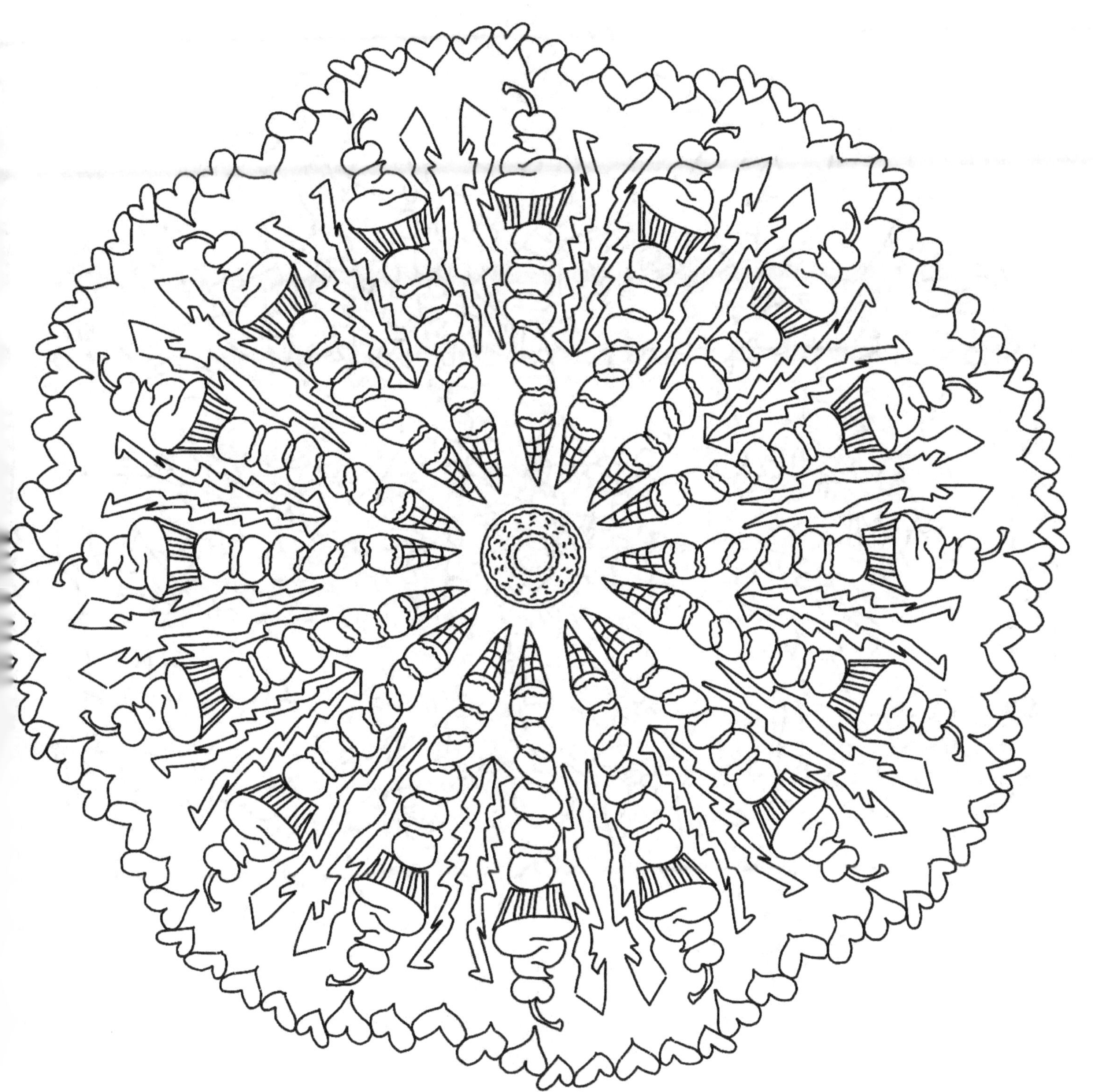

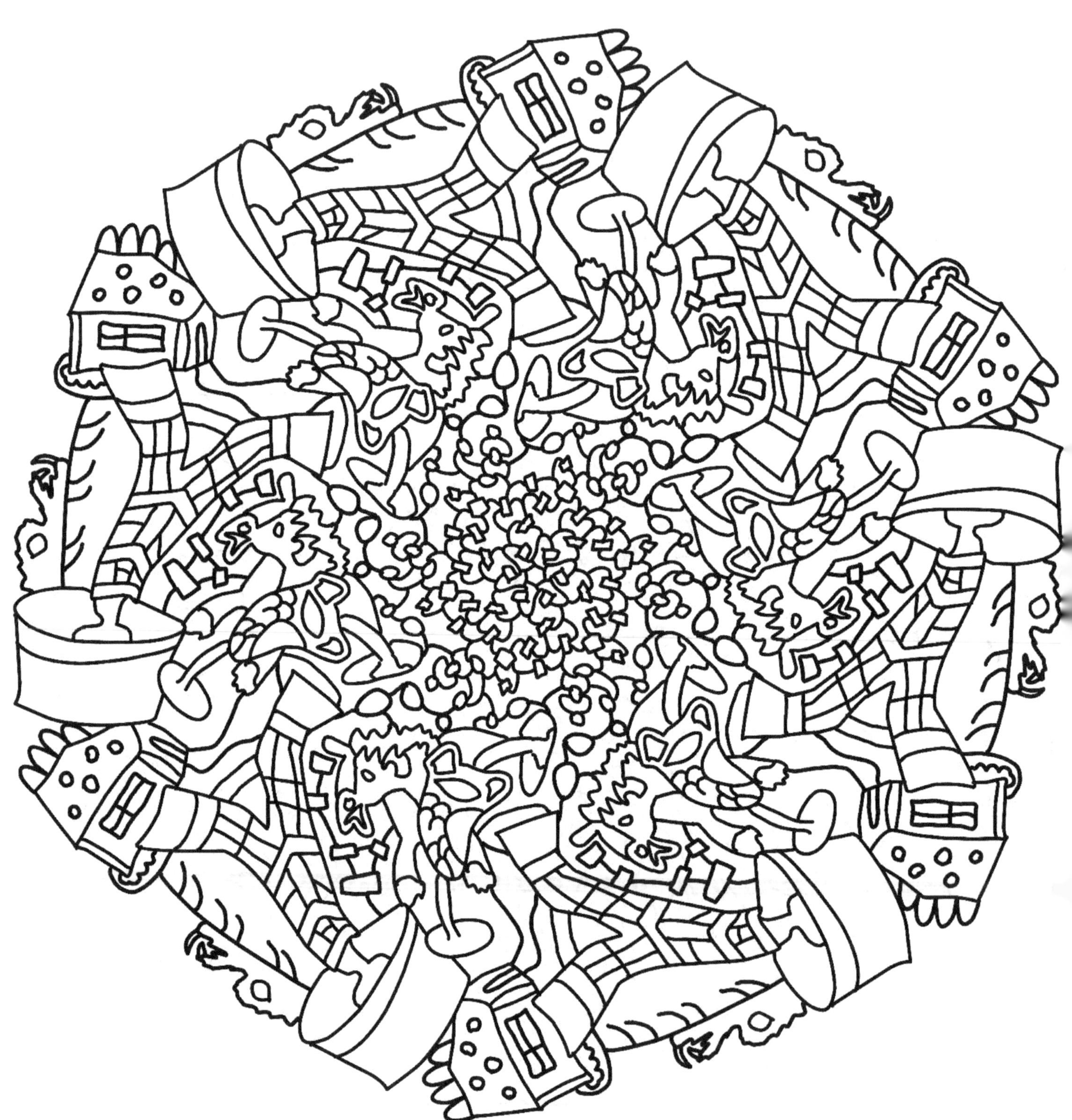

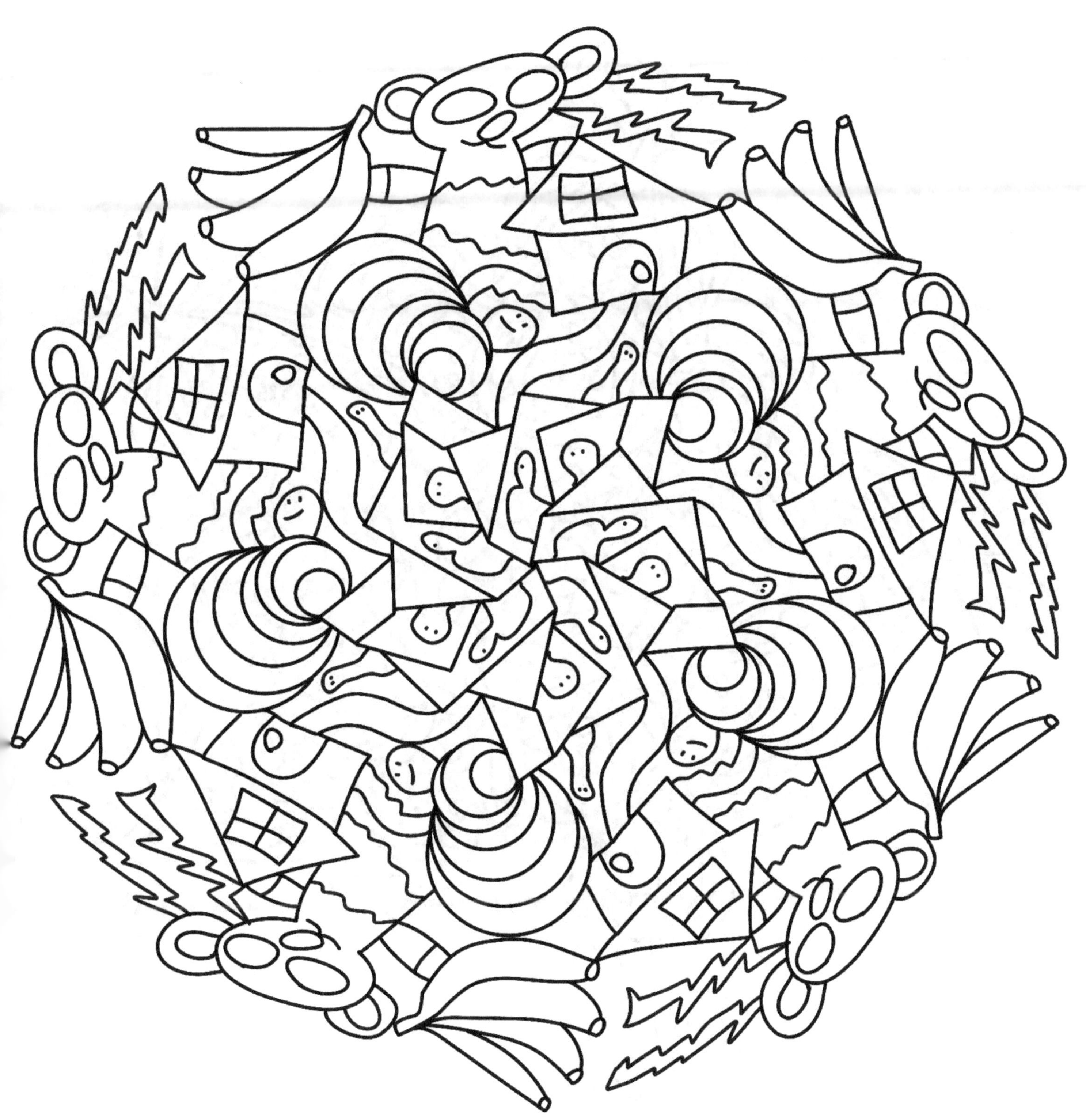

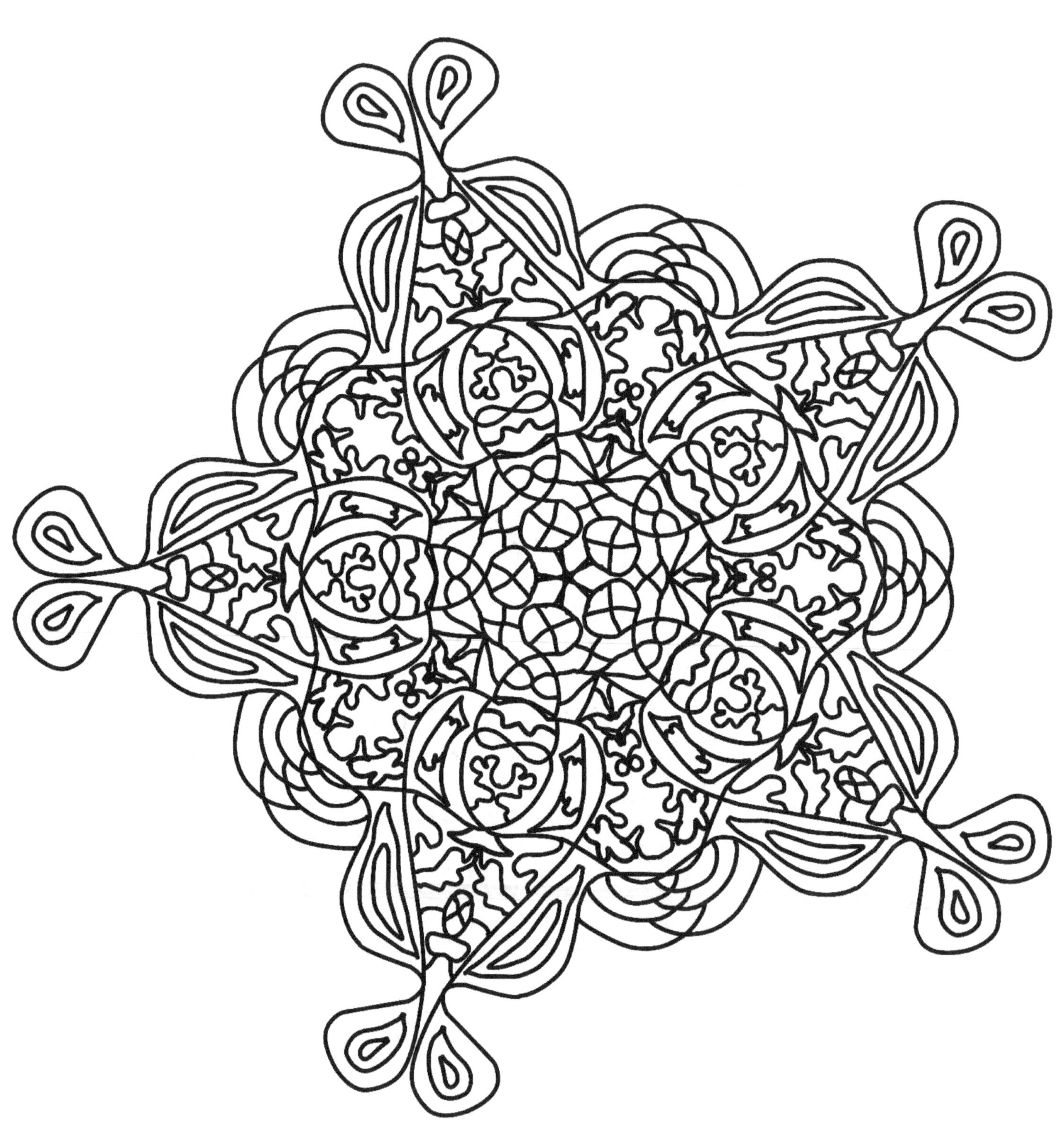

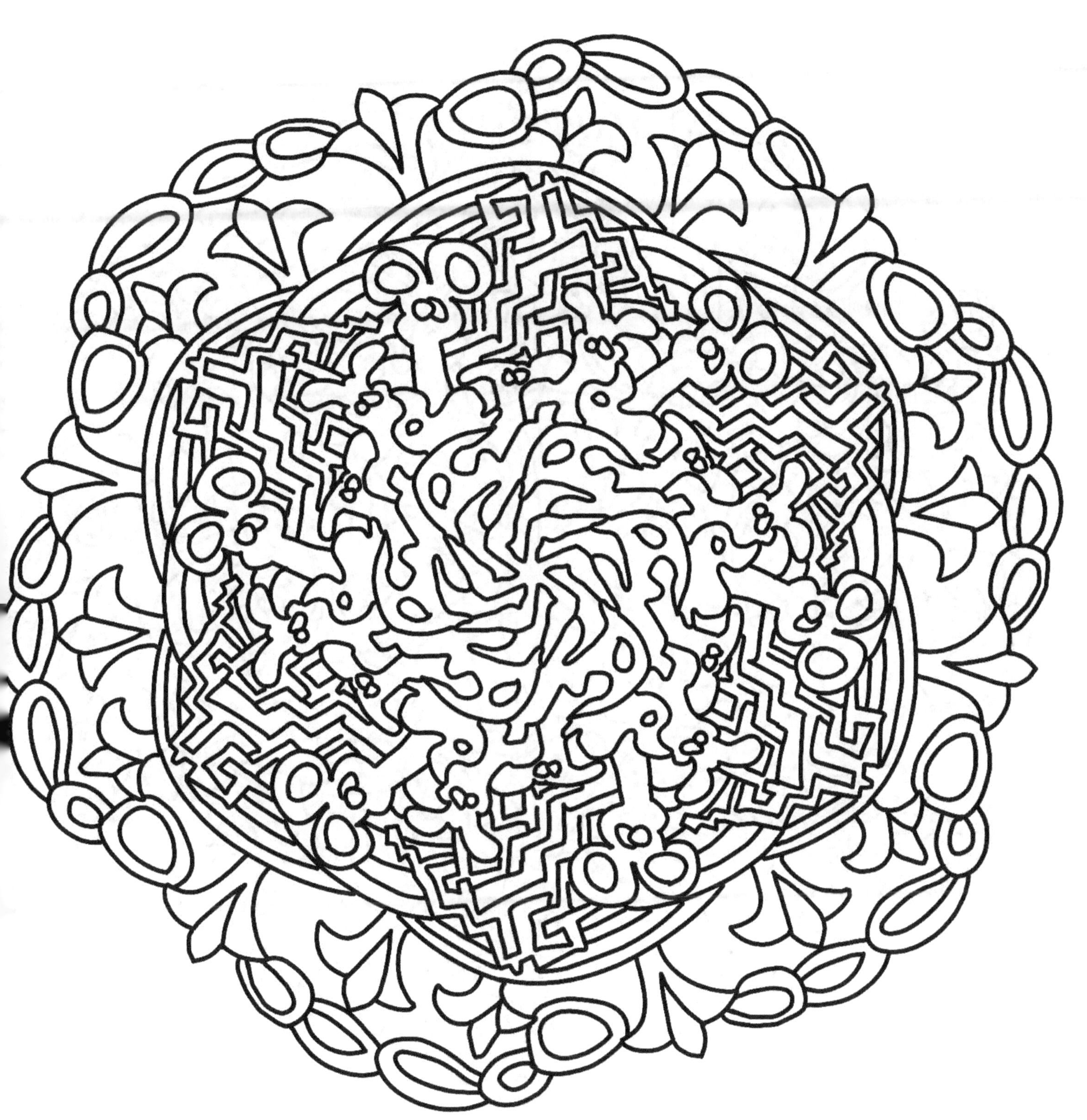

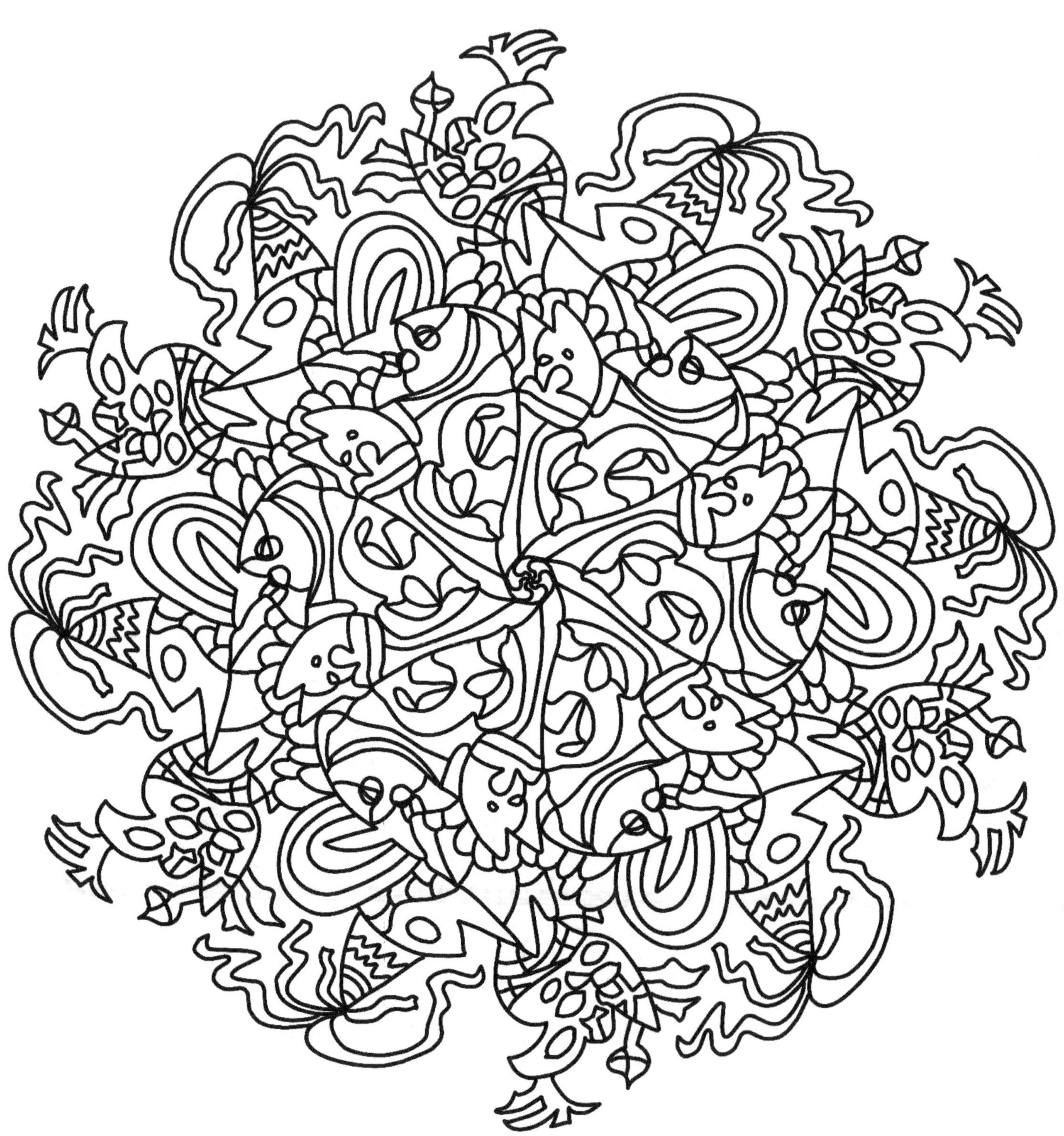

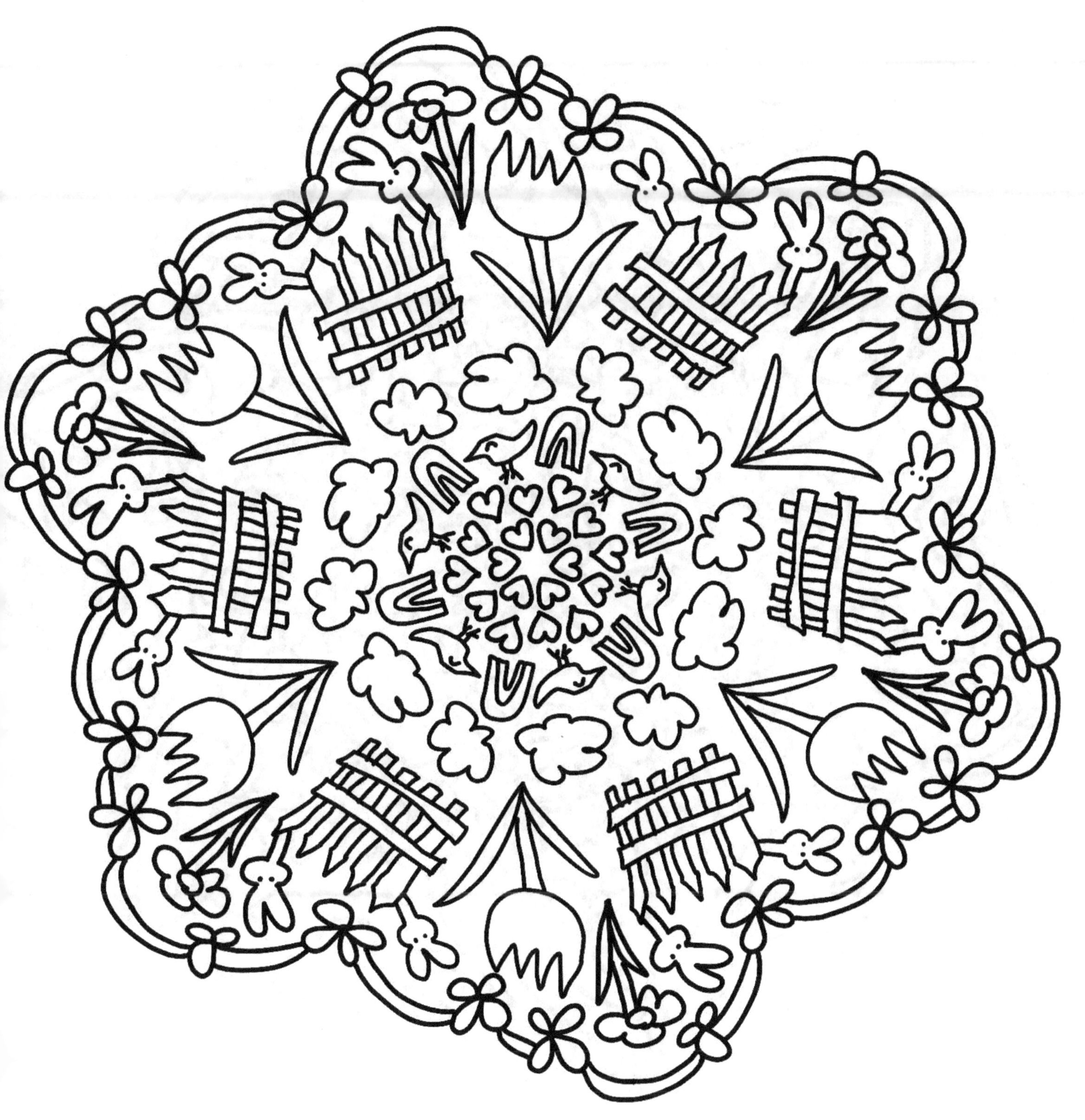

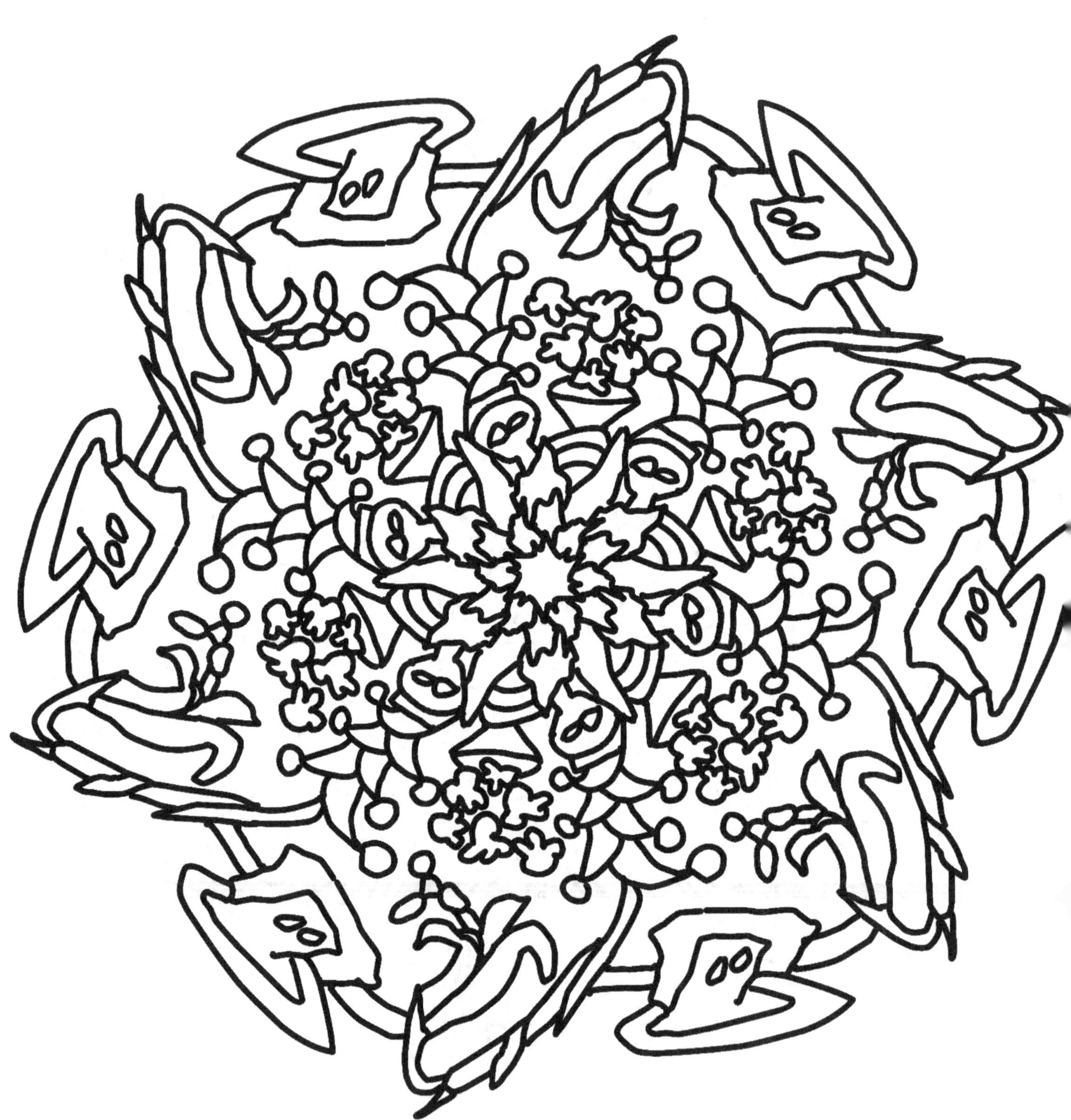

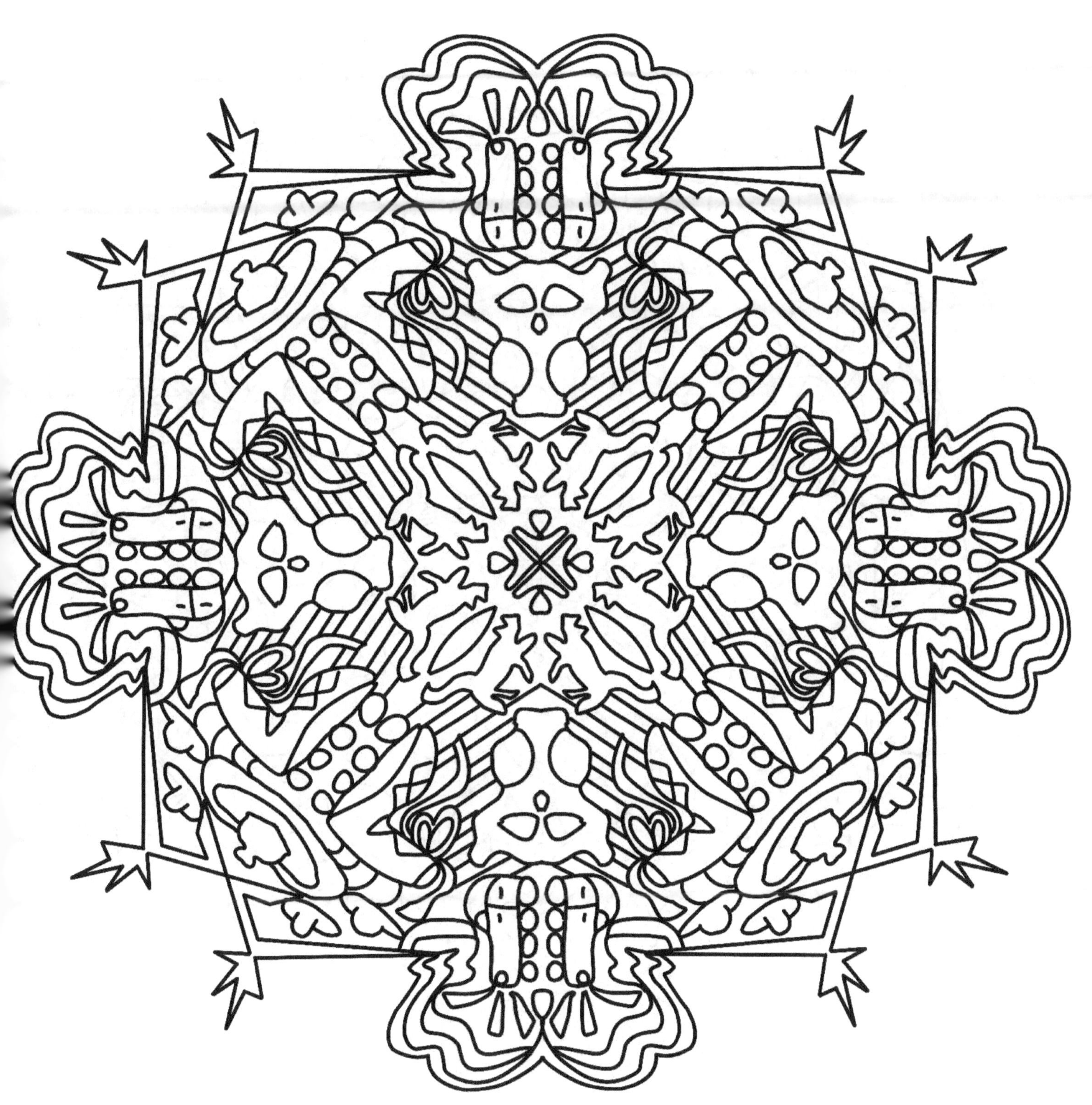

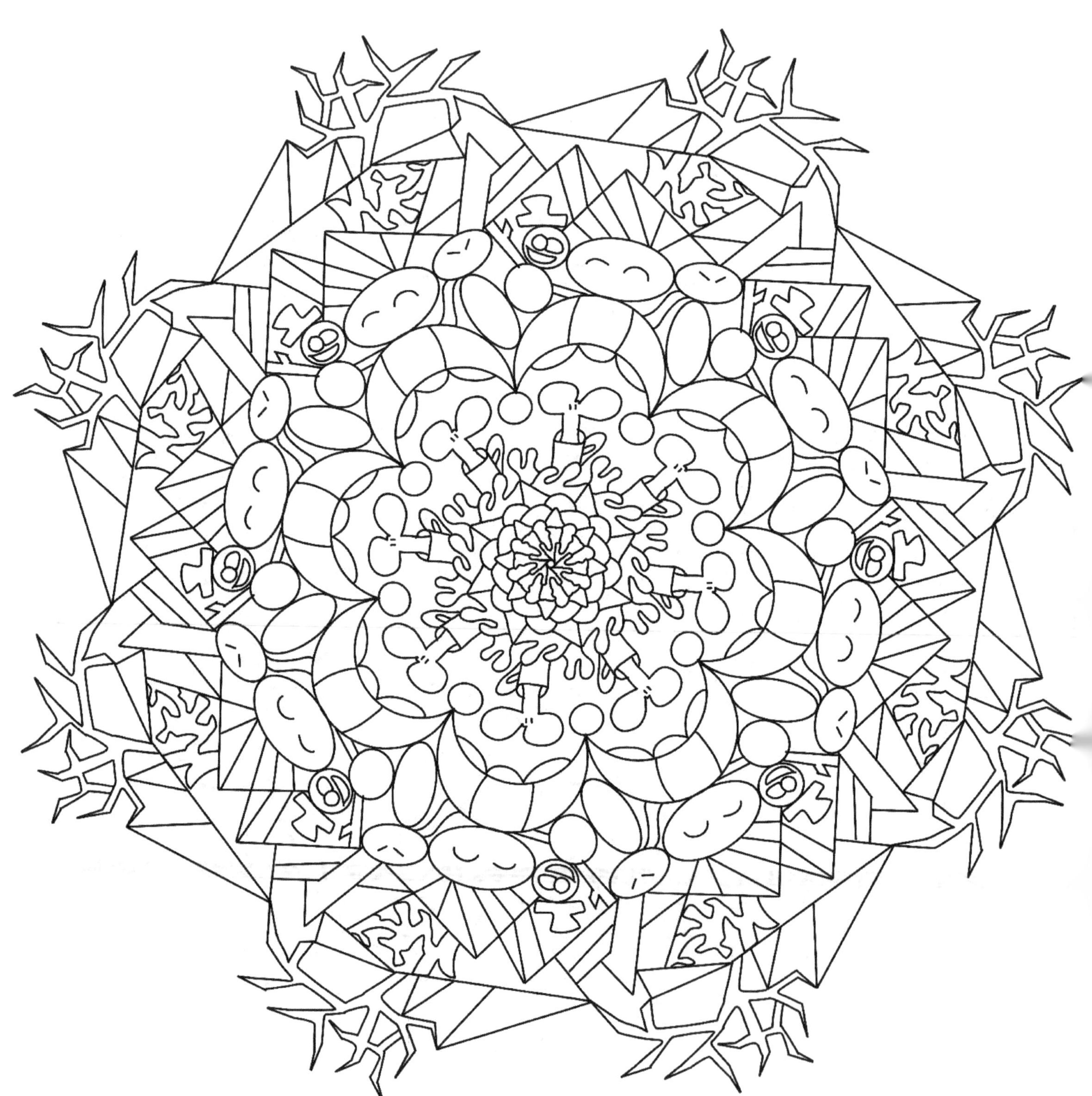

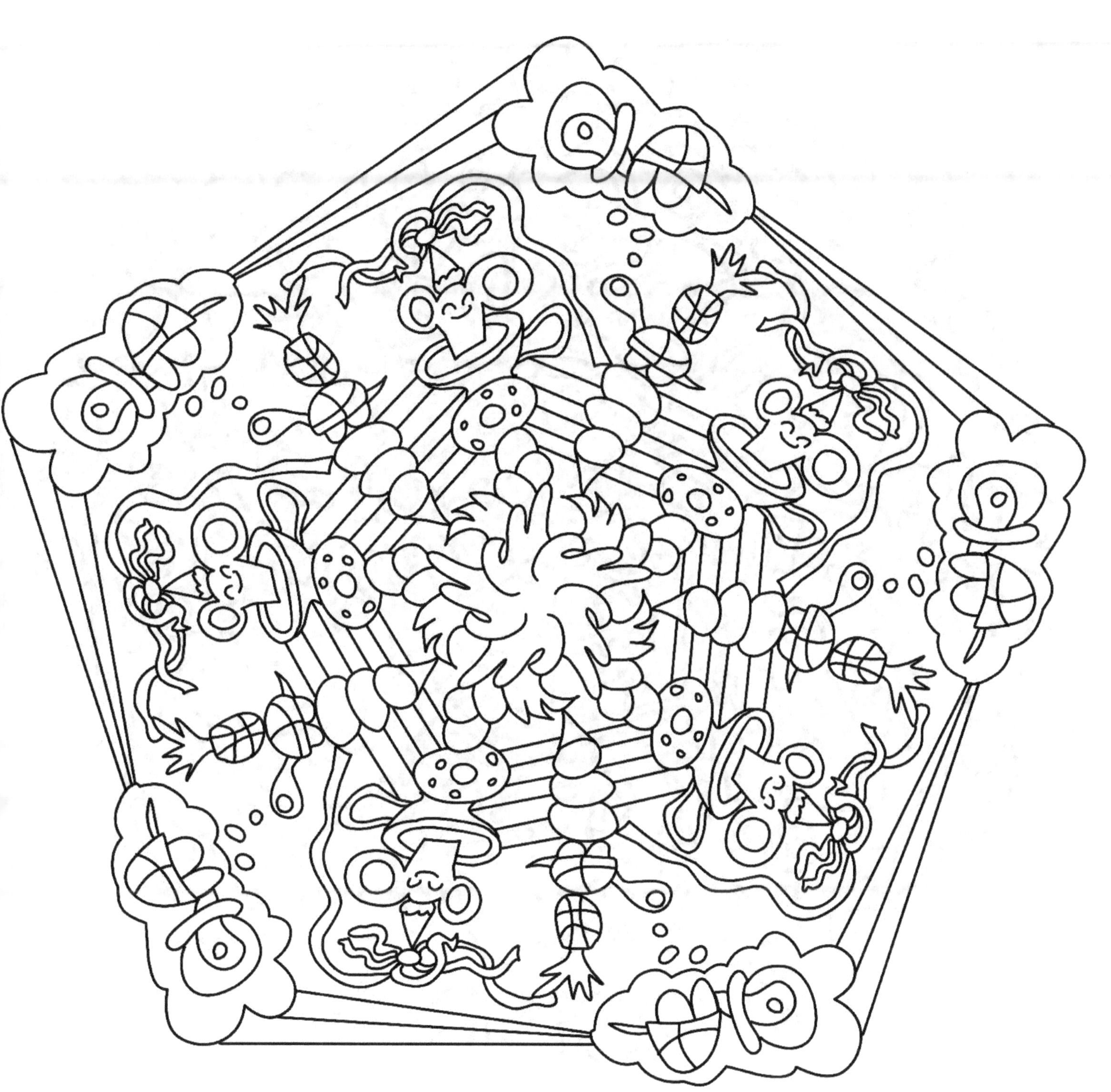

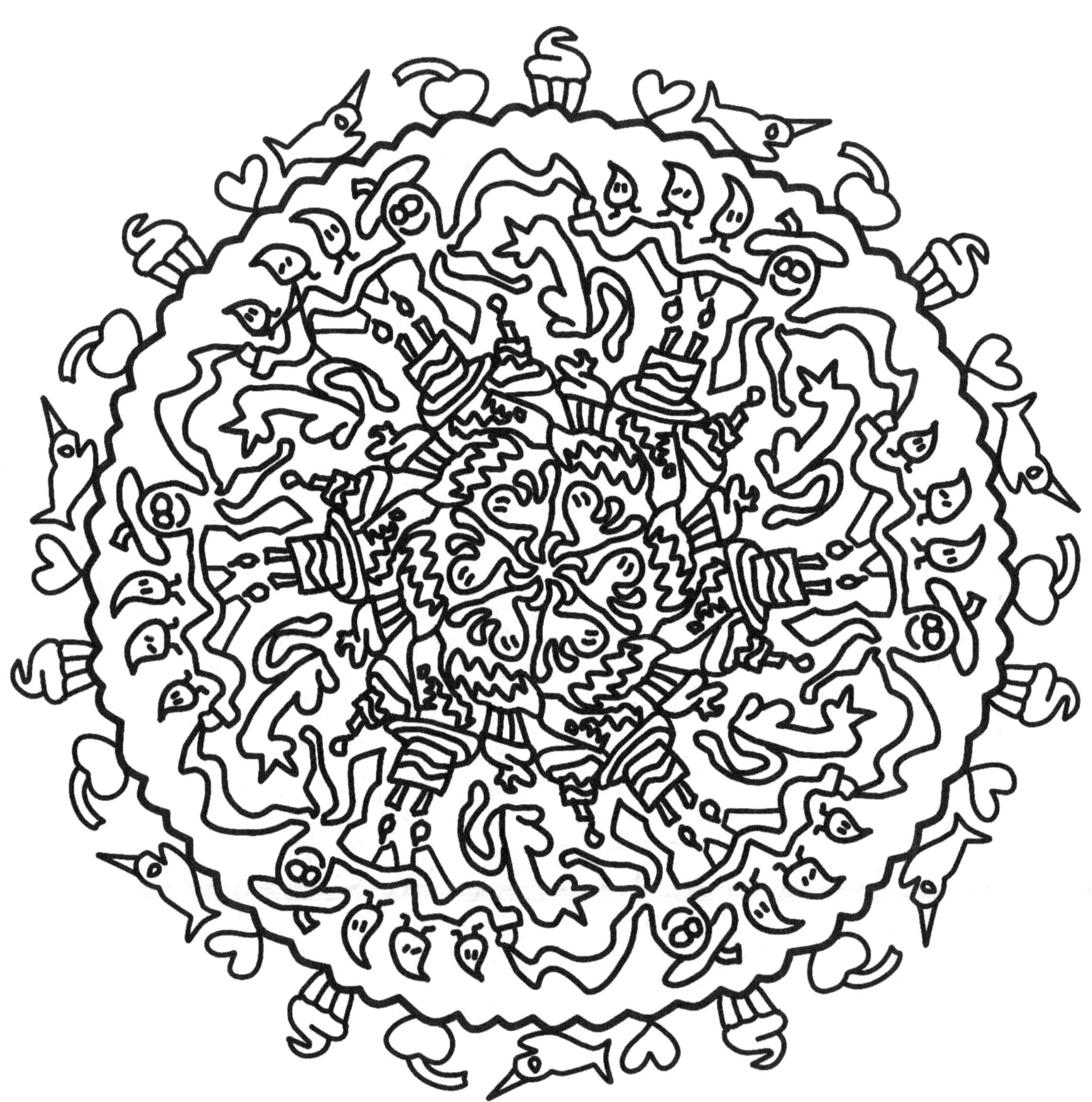

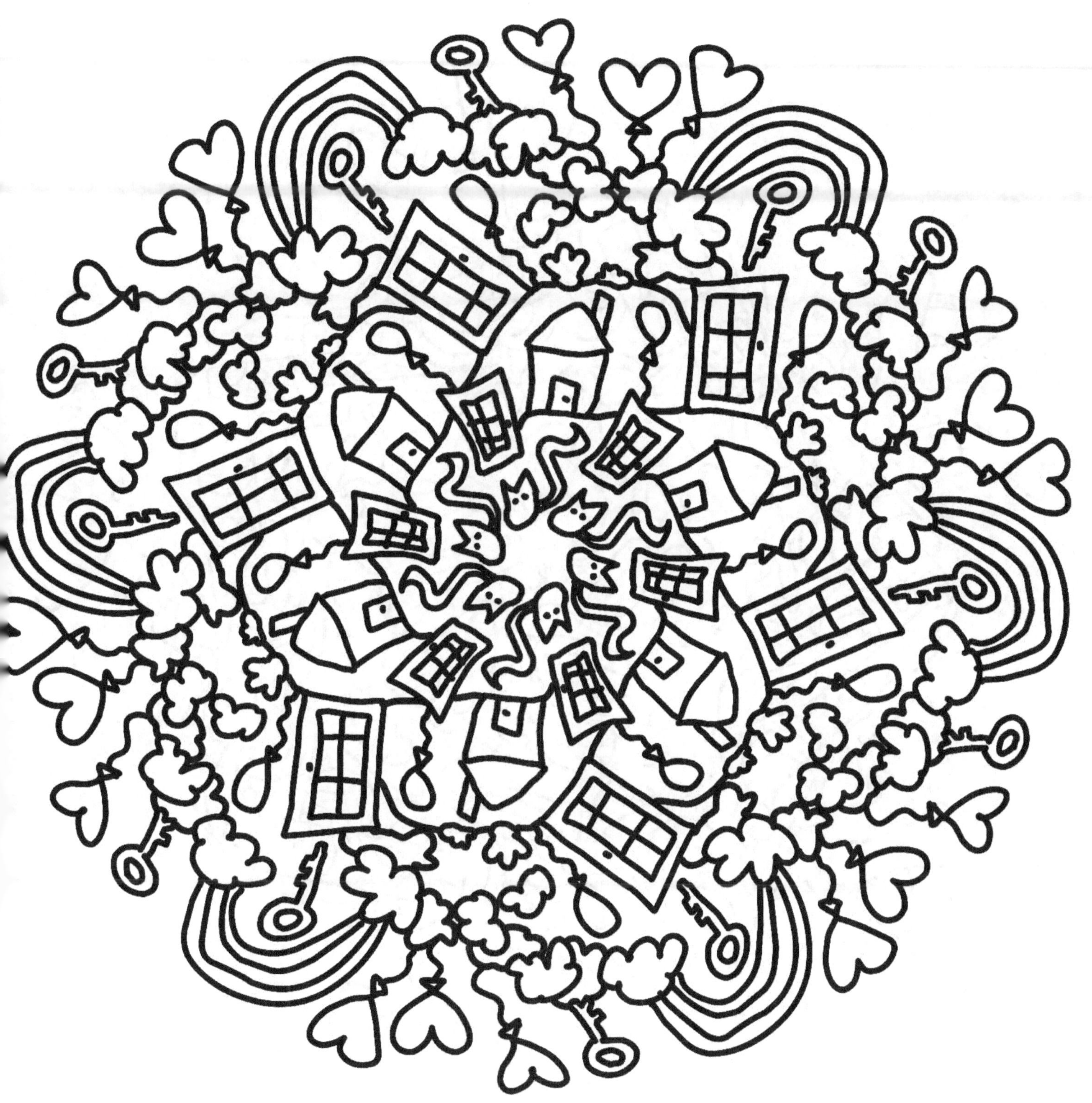

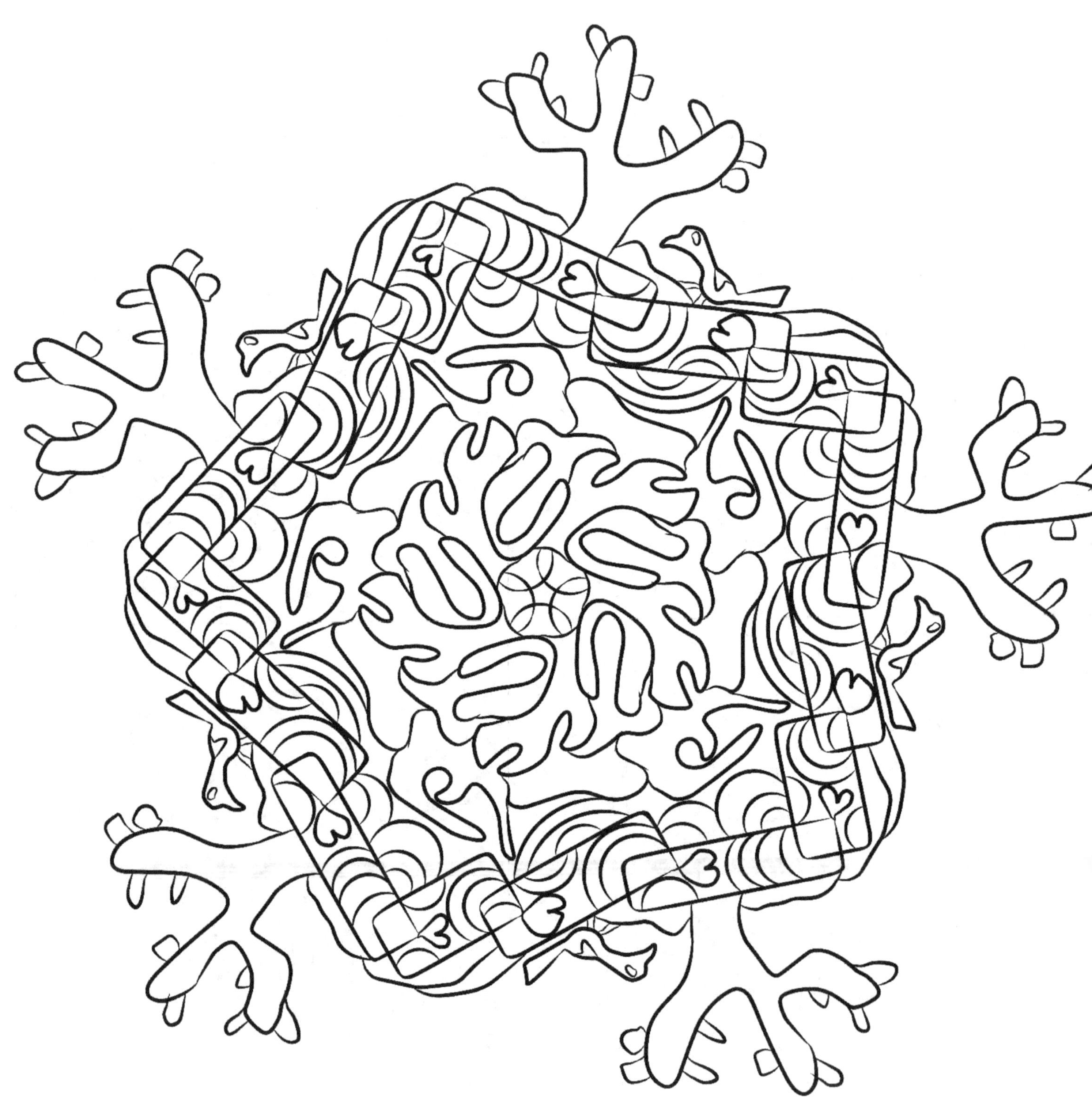

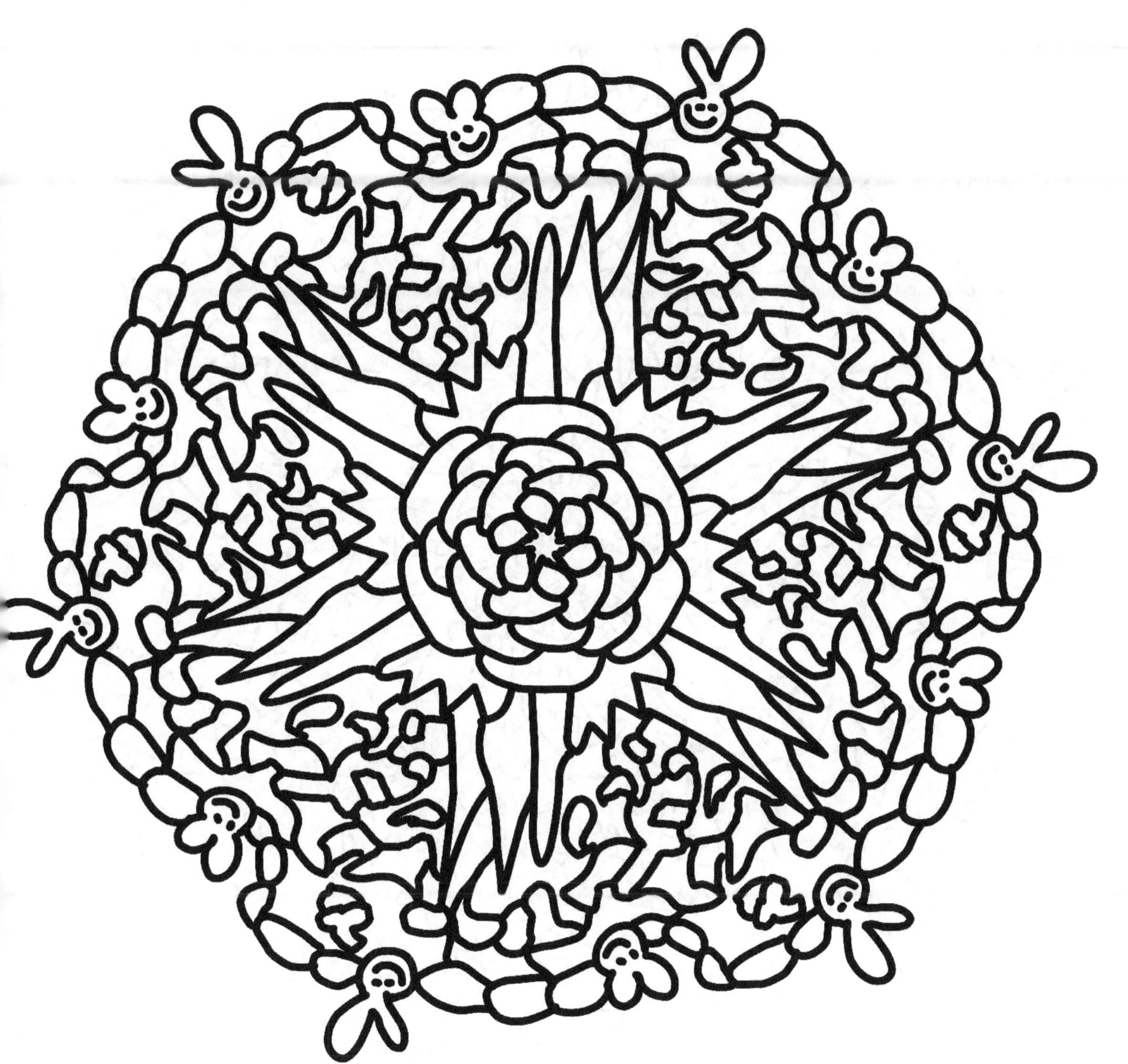

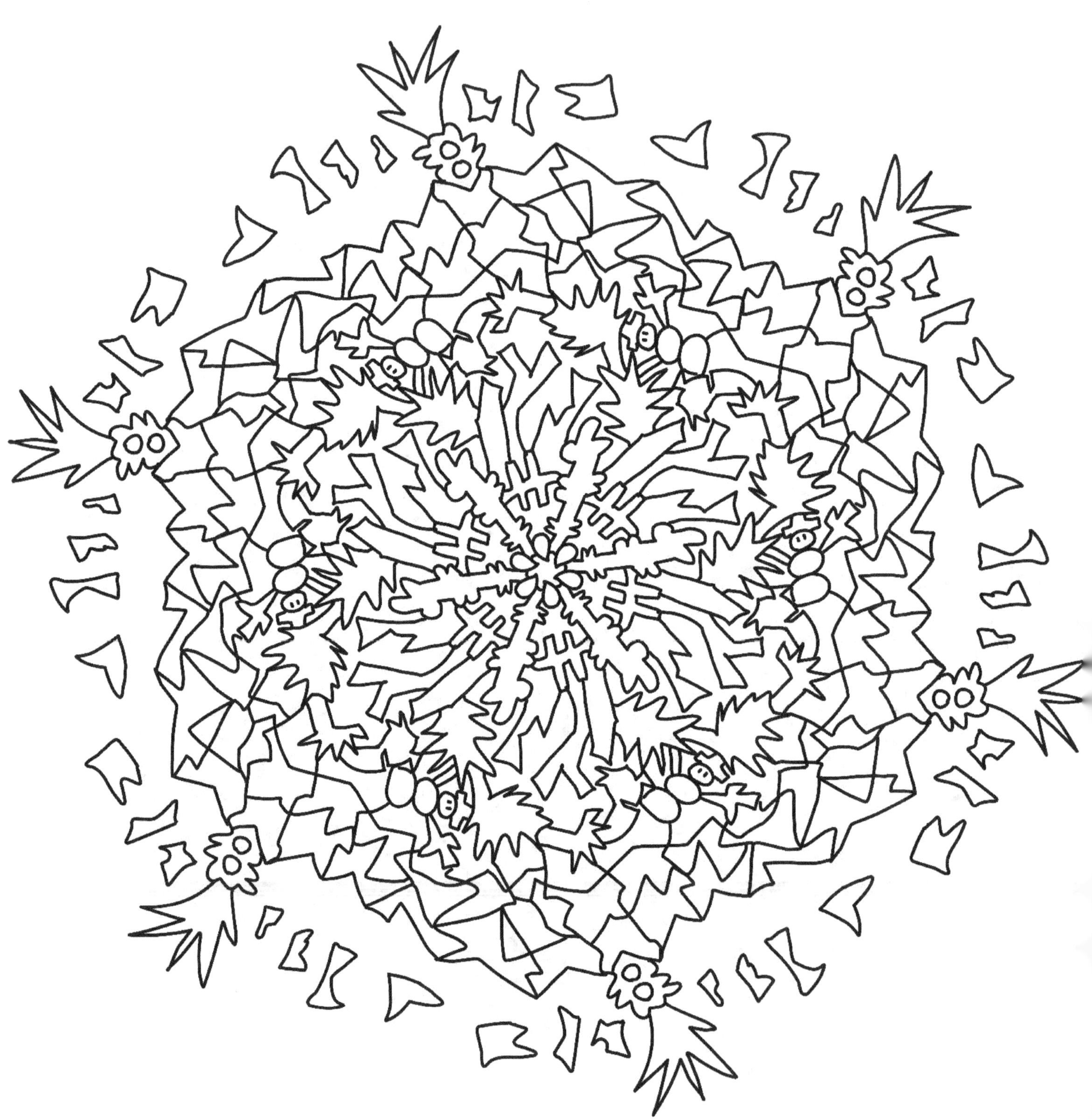

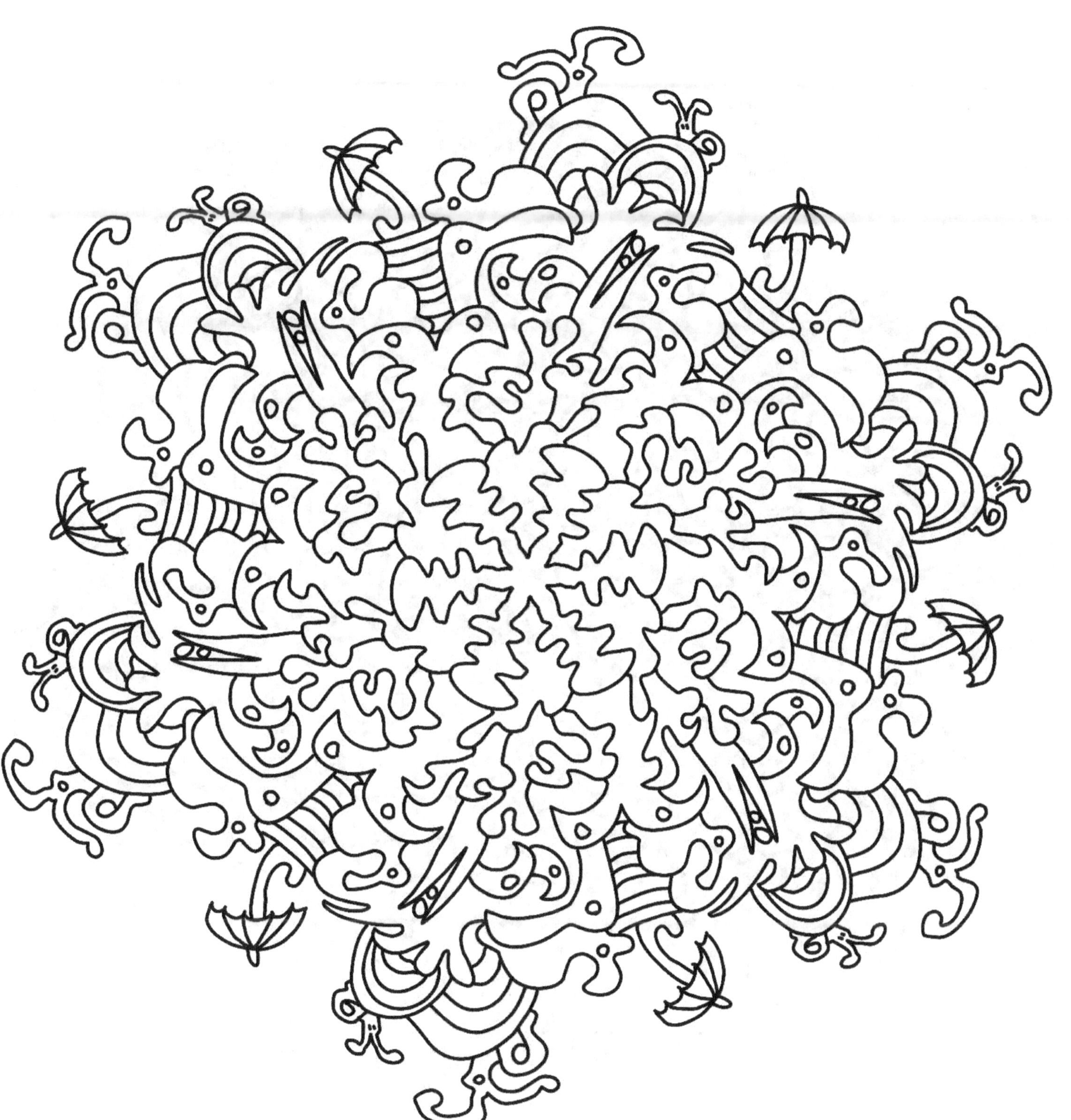

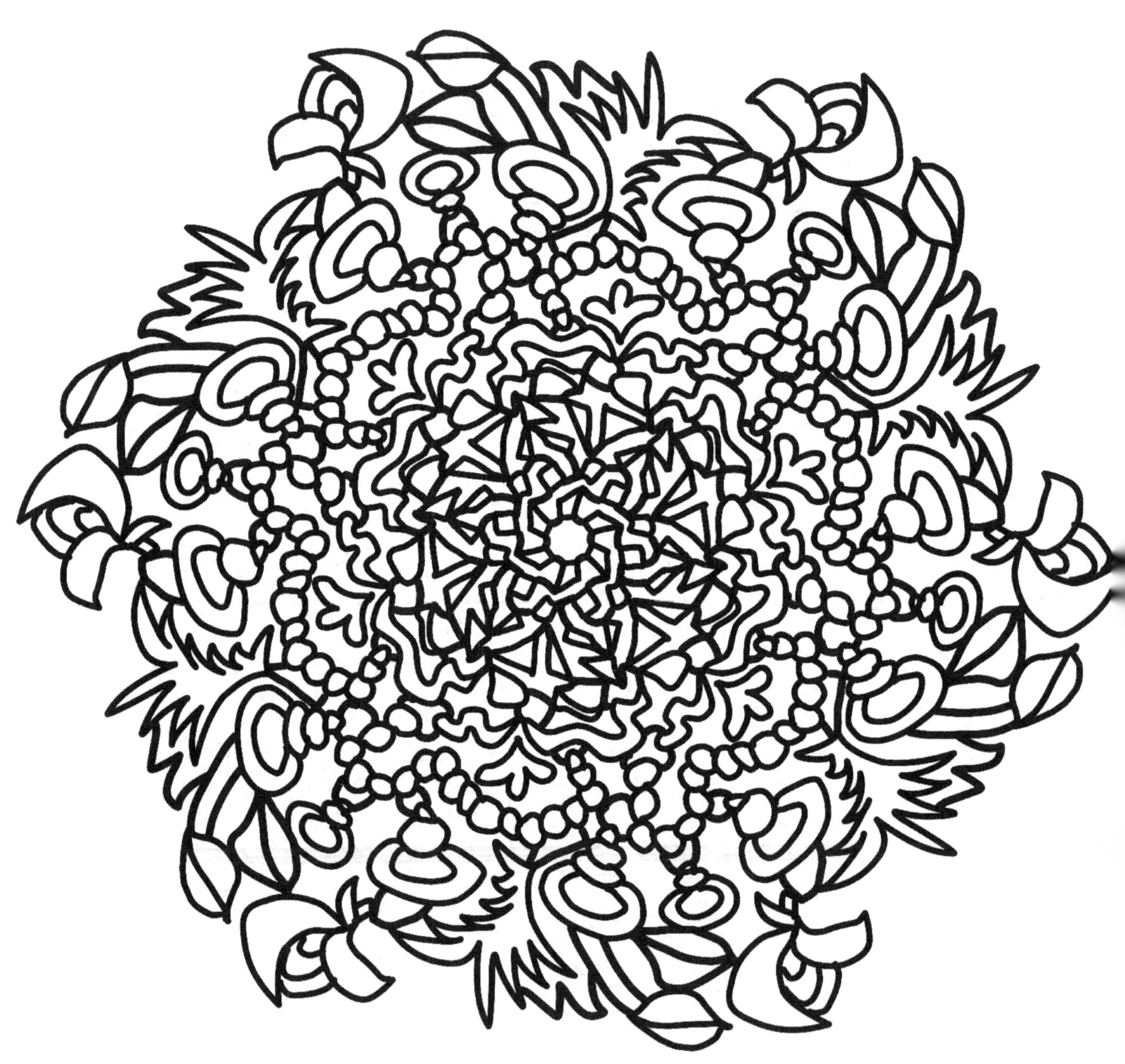

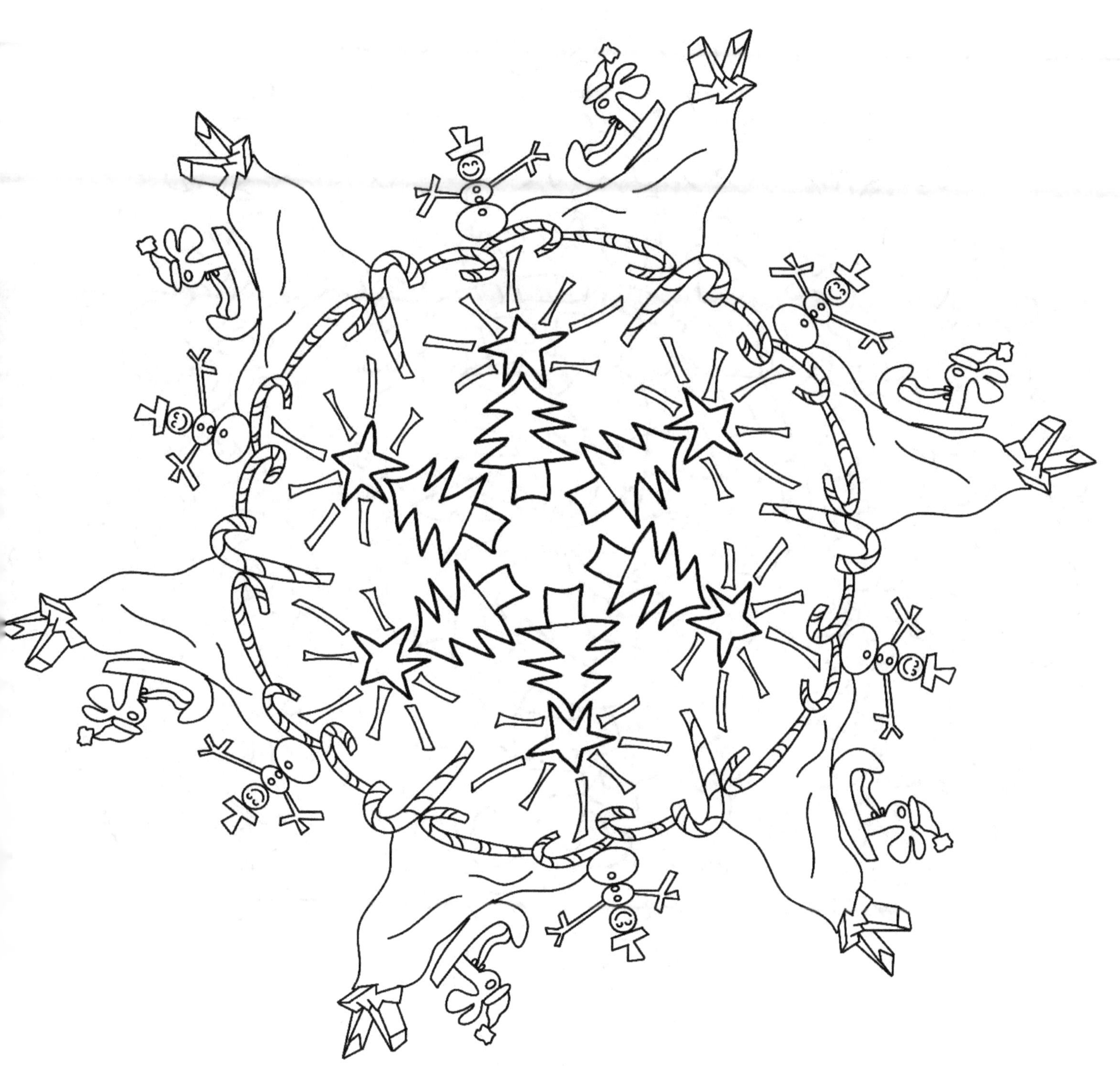

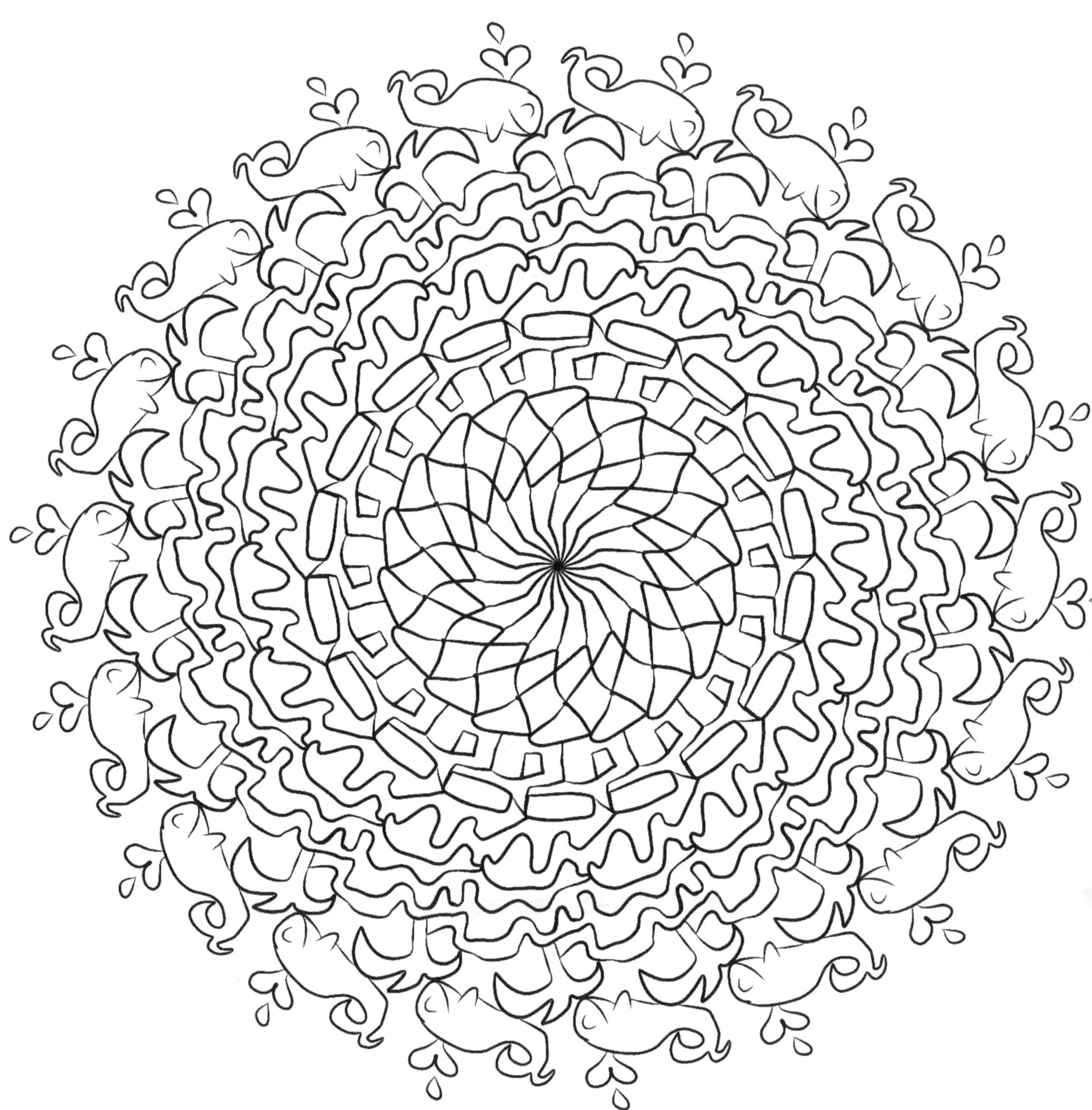